JN017657

戦略的に
成果を
上げる！

河井孝仁 著
TAKAYOSHI KAWAI

自治体広報の すごい 仕掛け

学陽書房

はじめに——「効果的」な広報企画を「楽に」「簡単に」作る

- この本は、広報企画を行うことになった担当者のための本です。
- この本は、広報企画を作るように指示したいけれど、どのように指示していいか迷っている管理職のための本です。
- この本は、いままで広報企画をいくつか実施してきたけれど、今ひとつしっくりきていないと思っている方のための本です。

　この本を読むことで、【広報企画】を【戦略的に】実現するにはどうすればいいかが理解できます。

　広報企画とは、自治体がなんらかの行動を促したい人々を「広報対象者」として定め、その「広報対象者」にあたる人々に、自治体が期待する行動を実現してもらうための一連の方策を定めるものです。

　例えば、自治体が住民のがん検診受診率を高めたいと考えたとします。まずは、効率的な取り組みとするため、特に受診率が低い人々はどのような人々なのかを調べます。この人たちが「広報対象者」となります。

　次に、広く住民にがん検診の受診料補助という制度があることを伝えます。そのうえで、最初に確認しておいた受診率が低い人々、つまり「広報対象者」に集中的に情報を伝えて「自分にとって大事なことだ」と考えてもらうようにします。

　がん検診についてさらに知りたいと考えた「広報対象者」を、信頼できる情報や、「受診してもいいな」と共感できる情報を得られるように導き、がん検診へのハードルを下げます。

　そして、受診してもいいかなと思った「広報対象者」が実際にがん検診を受診するきっかけを用意します。

　できれば、受診しようと思った「広報対象者」や、受診した「広報対象者」に思いや感想をシェアしてもらえるような仕掛けを用意できると、さらに素敵です。

　こうした一連の流れを計画し、うまくいっているかどうかを把握するための戦略的な取り組みを広報企画と呼びます。

そこで使える道具には広報紙だけではなく、ポスターもちらしも、ホームページもソーシャルメディアも、プレスリリースもイベントもあります。

　では、その広報企画を「戦略的に」実現するとはどういうことでしょうか。「周知します」「情報発信しました」では広報企画とは言えません。

　戦略とは、目的を設定し、その目的を実現するための手段を設定し、的確に実現できているかの評価方法を設定することです。

　とりあえず、始めてみることは大事です。しかし、いつまでも「とりあえず」では、住民にも議会にも、行政の取り組みを説明することは難しいでしょう。

　「とりあえず」を基礎にし、そこから説明可能な取り組みを見出し、戦略として的確に実現していくことが求められます。

　この本では、「なぜ、それを行うのか」を一括りにして説明するのではなく、ひとつひとつ段階を踏んで考えていきます。

　それぞれの段階で、使える事例も紹介しています。「先進事例」ではなく「使える事例」です。しかし、事例をまるごと真似することはできません。この本は、事例のどこがどのように「使える」のかを明らかにします。

　この本がもっとも大事にしていることは、広報企画を行う担当者が「楽になる」ということです。

　そもそも何をしていいのか無駄に迷わない、それによって、無駄な時間を使わない、無駄な制作を行わない、無駄なお金を使わない、無駄に頭を下げない。それだけでずいぶんと「楽になる」と考えています。

　この本を発想の基礎として使うことで、「今、私は何をしようとしているんだろう」「こんなときにはどうすればいいんだろう」「今、気をつけなくてはいけないことはなんだろう」がわかります。

　「楽」をしましょう。楽は「気楽」です。楽は「楽しみ」です。広報企画を気楽に、楽しく作り、実現するために、この本を十分に役立ててください。

Chapter 0

広報企画をすることに
なったあなたへ

1 「はじめに」のはじめに …………………………………………… 10

2 広報企画の目的をおさえよう …………………………………… 12

3 実はコレ間違いです！ 広報企画のよくある落とし穴 ………… 14

4 「誰の行動を促したいのか」からスタート設計しよう ………… 16

5 広報企画がどうなれば成功か、ゴール設計をしよう ………… 18

6 スタートとゴールが決まったら9つのステップを踏もう ……… 22

Chapter 1

届けたい人の目に入る！
情報が伝わるメディアの選び方

1 広報紙だけじゃない、自治体が使えるメディアの種類 ………… 28

2 4つの特徴を意識して働きかけるメディアを選ぶ ……………… 30

3 プッシュメディアで引き付けてプルメディアで引き込む ……… 32

4 自治体のオウンドメディアを棚卸ししてみよう ……………… 34

事例 >> **1** 愛媛県西条市 「**広報さいじょう**」 ……………………… 36

事例 >> **2** 茨城県龍ケ崎市子育て支援センター
「**おうちで、さんさん館**」ムービー …………………………… 40

Chapter 2

最短で成果を出す!
企画を立てる前に調べておくこと

1 なぜ思いつき「だけ」で広報企画を始めてはいけないのか ………… 46

2 「前の傾聴」を使って褒められる仕事をする ………………… 52

3 「前の傾聴」はどんな方法で行うのか ……………………… 56

事例 》3 福島県会津若松市
「#会津の宝探し」で市民向けシティプロモーション ……… 60

Chapter 3

認知を獲得する!
ワォ・流行り・ニヤリで広く伝える方法

1 まずは幅広く知ってもらう ……………………………… 66

2 メディアの力は「組み合わせ」と「誘発ポイント」を押さえる!? … 68

3 3つの刺激を掛け合わせて興味を引く …………………… 70

4 「認知を獲得すれば正解」ではない ……………………… 72

事例 》4 京都府福知山市
本能寺の変プロジェクト 2020
～緊急事態宣言下、明智光秀と市役所からの「謀反のお知らせ」～ … 74

事例 》5 神奈川県平塚市 「**Instagram を高校生が乗っ取った!?**」 … 78

Chapter 4

行動してほしい人へ！
情報を届け、気持ちを動かす方法

1 「気になる」を呼び起こすための「刺さる」広報術 ……………… 84

2 人・場所・心を常にチェックして企画を作り込む ……………… 86

事例 » 6　岐阜県美濃加茂市　**新総合計画をターゲット別にPR** ………… 90

事例 » 7　埼玉県久喜市　**「高校生がフードロスを削減します」** ………… 92

3 適切な場所に着地してもらうために忘れてはならないこと ……… 94

4 「もっと詳しく知りたい」人に向けた仕掛け ……………………… 96

5 どうしたら情報発信者を信頼してもらえるのか ………………… 98

6 どうしたら情報内容に信頼を与えられるのか …………………… 102

事例 » 8　福岡県福岡市
　　　　Fukuoka Facts　データでわかるイイトコ福岡 …………… 104

7 信頼だけでは広報対象者は動かない ……………………………… 108

事例 » 9　札幌市社会福祉協議会
　　　　札幌初！　カレーパン・プロジェクト ……………………… 112

Chapter 5

本気で行動してもらうために！
7つの秘訣「STEPPS＋V」

1　行動を促すために各段階に仕込む仕掛け …………………… 118

2　ソーシャルカレンシー＝社会的・社交的価値を与える ………… 120

3　トリガーズ＝引き金を設定する ……………………………… 122

4　エモーション＝高揚感を作りだす …………………………… 124

5　パブリック＝「みんな」を可視化する ………………………… 126

6　プラクティカルバリュー＝実用的・金銭的価値を用意する ……… 128

7　ストーリーズ＝広報対象者が登場人物になれる物語に導く …… 130

8　ヴァルネラビリティ＝突っ込まれるために弱みを見せる ……… 132

事例》10　島根県飯南町　**飯南町ブランドメッセージプロジェクト** …… 134

Chapter **6**

企画を次につなげよう！
情報共有支援と成果の測定

1 情報共有を支援するためには誘発ポイントとSTEPPS＋V …… 140

2 情報共有を新たな共感形成の資源にする ………………… 142

事例 ≫**11** 奈良県生駒市
　　　　地域の魅力を発信する市民PRチーム
　　　　「いこまち宣伝部」 ………………………………… 144

3 ちょっとやってみて、振り返る …………………………… 148

4 成果目標を設定しよう …………………………………… 150

5 どのように測るのか ……………………………………… 152

●付録　メディア活用戦略モデルを活用して
　　　　企画を作ってみよう！ ……………………………… 155

Chapter **0**

広報企画を
することになった
あなたへ

「はじめに」のはじめに

すべては「地域に関わる人々の幸せ」のため

　広報企画を検討する前の「はじめに」あるいは前提として考えておかなければならないことがあります。それは何のために広報を企画するのかということです。

　そもそも行政は地域に関わる人々の幸せを実現するために存在しています。ただ、仕事に追われてしまうと、この大原則を忘れてしまいがちです。

　筆者にも広域自治体での行政職員経験がありますが、常にこのように考えて仕事をしていたかと言われれば、とてもそう言うことはできません。

　それでも、やはり**「行政は地域に関わる人々の幸せを実現するために存在する」ということが広報企画の前提になる**と考えます。

　その時に必要な発想が、図０−１の「地域経営」という発想です。

　この発想は、市民が主権者として地域に関与し、市民だけでは行えない取り組みを、議会・行政、地域企業、NPOが、市民の思いを十分に理解し、思いが実現されるように、一部を肩代わりして、代理として担っているという考え方に基づきます。これは、市民を主権者とする、まさに民主主義を実現するための広報という考え方につながります。

自治体の広報は、まず「見える化」が前提となる

　図０−１に示した「地域経営」模式図を参考にすると、「行政」という枠から出ている矢印すべてが広報であり、この広報を的確に行うために広報企画があるという発想が求められます。

図0-1 「地域経営」模式図

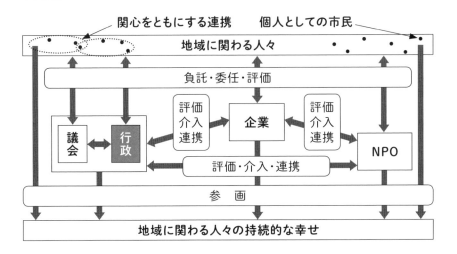

　そう考えたときに、広報に最初に求められることは「見える化」、つまり、まずは「見えるようにする」、少なくとも「見たいと思う人には見えるようにする」という考え方です。

　では、何を「見えるようにする」ことが求められるのでしょう。それは、日常や仕事に忙しく、また専門的な能力を培う時間がない市民に代わって、地域に関わる人々の持続的な幸せを実現するために働く、議会・行政、地域企業、NPOの姿です。

　広報企画を考える前提に、地域経営という発想が必要であることを忘れないようにしましょう。

広報企画の目的をおさえよう

広報の目的は「見える化」と「意識変化・行動促進」

　行政は、地域に関わる人々の持続的な幸せを実現するために行動する存在です。その行政による広報は、いくつかに区分することができます。

　まず、行政への信頼を得るための行動があります。

　また、地域に関わる人々の持続的な幸せを実現するために行動しているのは行政だけではありません。地域企業やNPOも、そうした思いを持って行動していると考えられます。そうであれば、行政はそうした地域企業やNPOの状況を市民が知ることができるようにしておくことも大切です。

　この2つは既に述べた「見える化」のための広報です。

　一方、**広報対象者の意識を変え、行動を促すための広報もあります。** さらにその中を①行政サービス広報、②政策広報、③地域広報の3つに区分することができます。

　行政は地域に関わる人々の持続的な幸せを実現するために、多様な行政サービスを展開しています。せっかくの行政サービスですから、上手に使ってほしいですよね。これを促すのが、①行政サービス広報です。

　また、地域に関わる人々の持続的な幸せを実現するには、住民が行政におんぶに抱っこではうまくいきません。住民自身に動き出してもらわないと成果が上がらなかったり、行政が息切れしてしまいます。これを促すのが②政策広報です。

　さらに、今は、住民だけではなく、地域外にも情報を伝えて「そのま

ちに住みたい」「そのまちに訪れたい」「そのまちにふるさと納税をしたい」
と思ってもらう必要があります。これを促すのが、③地域広報です。

図0-2 広報の目的による区分

「見える化」するための広報	行政自身のありよう、取り組みを「見える化」する	
	地域企業・NPOのありよう、取り組みを「見える化」する	
意識を変え、行動を促すための広報	① 行政サービス広報	行政サービスや行政による規制・制限についての情報を周知し、的確な活用・行動を促す
	② 政策広報	地域をめぐる現状認識とそれに基づく問題・課題を提起し、参画を促す
	③ 地域広報	地域のもつ多様な資源や施策を地域内外に広く知らせ、市民のプライド醸成、域外者の共感形成を促す

　この表では、①から③のいずれもが「……を促す」という文になっています。「周知する」、「提起する」、「知らせる」にとどまるものは、十分な広報企画ではありません。行動を促すところまでがゴールです。
　また時には1つの企画で②と③の同時実現を図ることもあるでしょう。例えば、「魅力ある地域」にさらに魅力を付け加えるために、市民になんらかの行動を促すことは政策広報です。
　これにより、市民には、地域の魅力向上に貢献する「私」というプライドを高め、地域外には地域の魅力や意欲ある市民の存在についての情報を伝えることにより、地域への関心を促すことは地域広報です。
　取り組もうとする広報企画がどの区分にあたるのかを考えることで目的が明確になります。

実はコレ間違いです！
広報企画のよくある落とし穴

落とし穴① 「企画は自由な発想で」

「『自由な発想で』広報を企画してください」と言われることはありませんか。それは、往々にして、広報企画を小学生の自由画のように考えていることから生まれる言葉です。そこには、素敵な企画の発想が天から降ってきて、その発想を散りばめればいい広報企画ができるという、とても素朴な思考があります。

広報企画は小学生の自由画ではありません。広報企画は製品です。製品を作るには設計図が必要です。全体の設計図があり、一つ一つの部品の設計図があり、部品と部品を組み合わせるための設計図が必要です。

設計図にはひな形があります。この本は、そのひな形を示しています。ひな形を活用することで、楽に広報企画を作ることができます。

落とし穴② 「がんばったら反応が増える」

「反応がないから広報をがんばってくれ」と言われることはありませんか。まるで「広報」を、お金を入れれば缶コーヒーが出てくる自動販売機、それも複雑な内部構造を持たない単なる「金属製の箱」のようにイメージしている人の発言です。

「反応がない」とは、単に缶コーヒーが出てこないということではありません。どの部分がどのように機能していないかを、しっかりと意識し、その構造を十分に理解することが必要です。広報企画は製品であり、

構造でもあります。それを理解することで「反応」を連鎖させることが可能になります。

■ 落とし穴③ 「住民全員が広報対象者」

「今回の広報企画は住民すべてがターゲットです」。そんな言葉を聞くことがあります。気持ちはよくわかります。「住民すべてに地域環境の大事さを理解してもらい、廃棄するゴミを減らしてほしい」と考えたときに、20歳でダンスが好きな女子学生にも、70歳で週末には居酒屋に行くことが生きがいという男性にも、35歳で自分の性自認に迷っている音楽家にも、ゴミを減らしてもらうことが必要になります。

そのため、誰もが読む広報紙でゴミを減らす特集を組み、ゴミを減らすことの重要性を記したページを誰もがアクセスできる公式ウェブサイトにアップします。ここまでは間違いではなさそうです。

しかし、ここで一つ考えておくべきことがあります。それは**「事業対象者」と「広報対象者」は異なる**ということです。自治体が行う事業の多くはターゲット、つまり期待する行動を促したい対象が、すべての住民であることが少なくありません。これは事業対象者です。

一方で、一つの広報企画によって行動を促せる対象は限定されます。すべての市民が事業対象者だとしても、一つだけの広報企画で、すべての市民の行動を促すことは難しいでしょう。20歳でダンスが好きな女子学生と、70歳で週末には居酒屋に行くことが生きがいという男性と35歳で自分の性自認に迷っている音楽家のそれぞれの行動変容を実現するためには、それぞれに合う別の広報企画が必要になります。

ここに広報対象者という発想が必要になります。事業自体の対象者が広い場合でも、一つ一つの広報企画は優先順位をつけて、区切られた対象者に一つ一つ行動を促す必要があります。

「誰の行動を促したいのか」からスタート設計しよう

広報対象者の優先順位を定める

前のページで述べたように、**事業対象者と広報対象者を分けて考えるところから、広報企画をスタートさせましょう。**

事業対象者が住民全体であるとき、1つの広報企画で、すべての住民に行動を促すことはできません。必要なことは優先順位の設定です。まず、誰の行動変容を実現しようとするのかということになります。しかも、その優先順位の設定について住民に納得してもらうことが必要です。

EBPMという言葉があります。Evidence-Based Policy Makingの頭文字を取った「データに基づく政策形成」という意味になります。このことが的確に実現されていれば、住民の納得を得やすくなります。

優先順位を設ける際に、なぜそのセグメントに行動を促すことを優先するのかが説明できるように、十分にデータを収集しなければなりません。そのデータに基づくことで、広報企画は始まります。

セグメントとは、ターゲットを何らかの指標に基づいて区切った区分です。区分は、全体から大きな区分、さらに小さな区分と細分化することが可能です。最後は一人ひとりにまで区分できます。また、区分した結果のことをセグメントと言うこともできます。この区分した結果であるセグメントのうち、どのセグメントの人々の行動を促そうとするのかを決めた結果が、広報対象者になります。

例えば、がん検診の受診という行動を促したいときに、今、最も受診率が低いセグメントはどのような人々なのかを、データにより明らかに

したうえで、がん検診受診キャンペーンという広報企画において、行動を促す対象の優先順位を決め、広報対象者を定めるという考え方です。

「知らせること」と「行動を促すこと」は別々に考える

「知らせること」と「行動を促すこと」は別の取り組みです。人は「知れば、行動する」という単純なものではありません。

まず「知らせる」、そのうえでいくつかの段階を踏んで、「行動を促す」という段取りに移ります。その中で、「知らせる」対象は誰なのか、「行動を促す」対象はどのようなセグメントなのかを十分に意識する必要があります。

住民すべてが事業対象者であるなら、当然「知らせる」対象は、できるだけ多くの住民になります。しかし、ここでの「知らせる」取り組みは、実際に住民すべてが「知っている」状況にならなければ意味がないというわけではありません。ここでの「知らせる」取り組みは、住民の多くが「知りやすい」状況を作る、「住民すべてが知ることができる可能性を作る」というところから始める必要があります。

そのうえで、「知らせる」とは別の取り組みとして、優先順位に基づいたセグメントを対象に「行動を促す」取り組みを行います。若年者向けの事業やサービス、高齢者向けの事業やサービス、女性向けの事業やサービス、貧困により生活に困っている世帯向けの事業やサービスなど、事業対象者が「住民すべて」ではない事業も少なくないでしょう。そのため、「その事業・サービスについて『まず、誰の行動を促したいのか』なんて最初からわかっている」と思われるかもしれません。

それでも、優先順位を考えることは必要です。若年者とは誰でしょう。高齢者とは誰でしょう。女性とは誰でしょう。貧困により生活に困っている世帯とはどのような人々によって構成されているのでしょうか。

このとき、この事業対象者はより細かくセグメントしたほうが、より的確に行動を促すことができるのか、ここまでの区分で十分な成果を挙げられるのか、これもまたEBPMに基づいた説明が必要になります。

広報企画がどうなれば成功か、ゴール設計をしよう

┃ その広報企画はどうなったら成功なのか

　「広報企画がどうなれば成功か」を明確にすることは、まさに、広報企画を「戦略的」に行うための必須条件です。戦略とは目的を設定し、その目的を実現するための手段を設定し、実現できているかの評価方法を的確に設定することです。

　ところが、広報企画を作成するときに「どんなメディアを使うか」「どんなコンテンツ（内容）を掲載するか」「誰に情報を届けるか」といったことにとどまっていることがあります。

　嬉しいことに私のところに時々、自治体の方が訪ねてくれることがあります。そのとき、そこそこの分量の文章を持参されて「こういう広報企画を考えてみたのですが、どうですかね」と問われることも少なくありません。

　私がそのとき最初に尋ねることは「その企画は『どうなったら成功』なのですか」ということです。そこでうまく答えられないようであれば、せっかく作った文面は「やってみたいリスト」にとどまり、目的を達成するための広報企画とは言えないだろうと思います。

┃ ロジックモデルの発想で広報企画を立案する

　「何をするのか」にとどまらず、「何を実現するのか」を意識しましょう。もちろん、自治体が「何を実現するのか」は明確です。「地域に関

わる人々の持続的な幸せを実現する」ことです。

であれば、この広報企画が実現すると、なぜ「地域に関わる人々の持続的な幸せを実現できるのか」まで説明できることが求められます。

しかも、抽象的ではなく、できるかぎり定量的に説明できることが重要です。

これには**ロジックモデル**の発想が求められます。ロジックモデルとは「そうしたら、どうなるのか（So What？）」「なぜ、そうするのか（Why So？）」を、できるかぎりデータに基づいて説明できるようにするということです。

図0-4 ロジックモデルの考え方

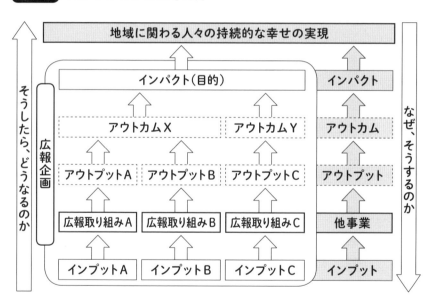

ロジックモデルは、上の図のように構造的かつ複層的な考え方です。お金や労働力など、資源の投入（インプット）によって一定の取り組みを行い、その取り組みによって「アウトプット」を直接作り出します。さらにそのアウトプット単独で、あるいは組み合わせて「アウトカム」を生み出し、さらに「アウトカム」が連鎖することで、目的である「イ

ンパクト」を実現します。最終的に複数のインパクトによって、自治体の目的である「地域に関わる人々の持続的な幸せ」を達成するというものです。

　その①インプット→広報の取り組み、②広報の取り組み→アウトプット、③アウトプット→アウトカム、④アウトカム→インパクトの各段階において、それぞれ、「そうしたら、どうなるのか（So What？）」「なぜ、そうするのか（Why So？）」を、どのように説明できるかを考える必要があります。

　なぜ、そのインプットを行うと、その広報の取り組みが可能になるのか。なぜ、その広報取り組みを行うと、そのアウトプットが生まれるのか、なぜ、そのアウトプット（複数）が生まれると、そのアウトカムが生じるのか、なぜ、そのアウトカム（複数）が生じると目的とするインパクトにつながるのか、という一段階ずつの発想が必要です。

　具体的な例を示してみましょう。

　広報企画の目的（インパクト）を、「環境保全団体が企画した水辺のゴミ拾い活動に、地域住民の５％が参加するようになる」と設定したとします。そのために、

　＜１＞予算○○円と月20時間（インプットA）をかけて仕事（広報取り組みA）を行います。

　＜２＞その広報の取り組みで、広報紙の環境特集（アウトプットA）を作ります。

　＜３＞そのアウトプットAと、広報紙とは別の取り組みである地域環境紹介チラシ（アウトプットB）をあわせて、水辺に住む市民が環境保全を大事だと思う比率を50％に高めます（アウトカムX）。

　＜４＞さらに環境保全団体紹介のラジオ番組（アウトプットC）を制作し、市民の環境保全団体の認知を30％に高めます（アウトカムY）。

　＜５＞この、水辺に住む市民の環境保全意識の拡大（アウトカムX）と、市民の環境保全団体の認知率の向上（アウトカムY）により、水辺での環境を守るために環境保全団体が企画したゴミ拾い活動に、地域住民の５％が参加するという目的（インパクト）が実現することが期待さ

れます。

　以上に述べた＜１＞から＜５＞それぞれについて、「そうしたら、ど
うなるのか（So What ？）」「なぜ、そうするのか（Why So ？）」を説明
可能にすることが、ロジックモデルが成立するということになります。

　そのうえで、この広報企画の目的（インパクト）である「環境保全団
体が企画した水辺のゴミ拾い活動に、地域住民の５％が参加する」とい
うことの実現が、他の事業による多様なインパクトの実現と連携するこ
とで、「地域に関わる人々の持続的な幸せの実現」を達成するという考
え方がロジックモデルの具体的な姿です。

図0-5 ロジックモデルの具体例（本文参照）

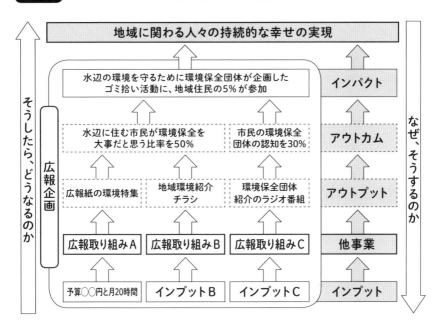

スタートとゴールが決まったら 9つのステップを踏もう

メディア活用戦略モデルとは

広報企画はいくつかの段階によって構成されています。

そのいくつかの段階とは、①前の傾聴、②認知獲得、③関心惹起、④探索誘導、⑤着地点整備（信頼供給）、⑥着地点整備（共感形成）、⑦行動促進、⑧情報共有支援、⑨後の傾聴の9つのステップです。

この9つのステップ全体を「メディア活用戦略モデル」と呼ぶことにします。

ここでは、それを下のような図にして表してみました。各段階の言葉の意味は24ページに詳しく記しています。

図0-6 メディア活用戦略モデル

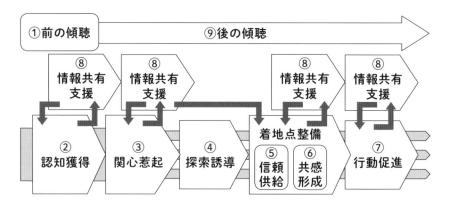

図は「前の傾聴」と「後の傾聴」というブロックがある上段と、4つの「情報共有支援」のブロックがある中段と、「認知獲得」から「行動促進」に至るブロックがある下段の3つの段に分かれています。

　この3つの段はいずれもが重要です。下段がメインであるということではなく、上段も中段もとても大事です。上段や中段をないがしろにして、下段が的確に進捗することはありません。

　下段の5つのブロックの後ろに何か形があるのがわかるでしょうか。「認知獲得」から「関心惹起」にかけては太く1本、「関心惹起」から「行動促進」までは3本に分かれた細い面が描かれています。この意味を説明します。

　「認知獲得」の下にある1本の太い面は、「認知獲得」はできるだけセグメントせずに、幅広く行なうことが求められるという意味を込めています。「関心惹起」からのブロックの下にある3本の面は、「自分ごと」にしてもらうためにセグメントしたうえでそれぞれのターゲットごとへの情報発信が求められることを意味しています。

　さらに、「探索誘導」ブロックが少し小さく、「関心惹起」に重なっています。これは、「探索誘導」という仕掛けが「関心惹起」で使うメディアに付属することを示しています。

　「行動促進」ブロックも少し小さく、「着地点整備」に重なっています。これは「行動促進」のための取り組みや仕掛けが、「信頼供給」や「共感形成」を生み出す着地点としても働くことを理解してもらおうという表現です。

　そのうえで、この図で表現するメディア活用戦略モデルは、自治体あるいは、その連携者が、広報対象者の背中を1ステップ1ステップ押していくという発想です。なにか一つだけのコトを起こせば、すべての行動がドミノ倒しのように、勝手に生じるという考え方をとっていません。

ステップごとに気をつけること

それぞれのステップを踏むときには次の表に書かれた内容に気をつけ

ましょう。

① 前の傾聴	広報企画を実現する前提としての現状を十分に調べる取り組み。
② 認知獲得	広報対象者にひろく知ってもらうための取り組み。
③ 関心惹起	広報対象者にもっと知りたいと思ってもらうための取り組み。
④ 探索誘導	もっと知りたいと思った広報対象者に、的確な情報のある着地点を探し当ててもらうための取り組み。
⑤ 信頼供給	的確な着地点を探し当てた広報対象者に、情報発信者や情報そのものに信頼をもってもらうための取り組み。
⑥ 共感形成	的確な着地点を探し当てた広報対象者に、情報発信者や情報そのものに共感をもってもらうための取り組み。
⑦ 行動促進	着地点で情報発信者や情報そのものを信頼し、共感した広報対象者に期待する行動をしてもらう、つまり「行動を促進する」ために、自治体あるいは、その連携者が行うことは何か。
⑧ 情報共有支援	各段階の広報対象者に情報をシェアしてもらう、つまり「情報共有を支援する」ために自治体あるいは、その連携者が行うことは何か。
⑨ 後の傾聴	広報企画の各ステップの実現状況を十分に調べる、つまり「後の傾聴を行う」ために、自治体あるいは、その連携者が行うことは何か。

　この９つのステップを一つ一つ踏んでいくことで、自治体が期待する行動を広報対象者に実行してもらうことが可能になります。

　ここで、先走ったことを述べましょう。それぞれのステップを成功させるキーワードです。図０−７のメディア活用戦略モデルの図の上に重ねられたキーワードを見てください。①ではマーケティングリサーチ、

②では誘発ポイント、③ではセグメント・ターゲティング、④では先後関係、⑤では公共とデータ、⑥ではソーシャル、⑦と⑧では、STEPPS＋V、⑨ではdPDCAになります。

「なんだか難しそうでわからない」と思われた方もいるのではないでしょうか。それで大丈夫です。むしろ「全部わかった」という方は、ここでこの本をパシャリと閉じてまちに出かけましょう。

この時点で理解する必要はありません。いや、むしろ理解しようと思わないでください。疲れてしまいます。

今はこの図を謎かけだと考え「なんだ、これは？」と不思議に思って眺めてもらえれば十分です。不思議に思うからこそ、これからの説明に「謎が解けた」とワクワクしてもらえると思います。

図0-7 メディア活用戦略モデルの重点

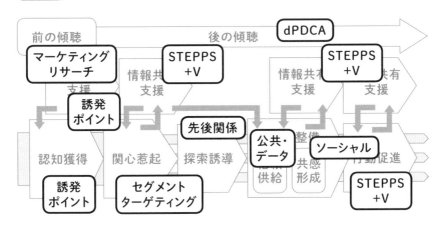

0章まとめ

☑ 自治体の広報には、「見える化」のための広報と、広報対象者の意識を変え、行動を促すための広報の2つがあることを確認できているか？

▶自治体は民主主義のもと、主権者である市民にとって自らを「見える化」しておくことが求められる。あわせて、広報対象者とコミュニケーションし、どのように意識を変化させ、行動を促すかを意識しておくことが重要になる。周知や情報発信にとどめない「促す」広報が広報企画の基礎になる。

☑ 広報企画において、事業対象者と広報対象者（広報対象者）が異なることを理解できているか？

▶広報企画を成功させるには事業対象者全体の意識を変え、行動を促すというよりも、優先順位を定めて広報対象者を明確にすることが必要になる。

☑ この広報企画は「どうなったら成功か」を説明できるか？

▶多段階での成果を積み上げて、地域に関わる人々の持続的な幸せを実現するというロジックモデルの考え方が鍵になる。

☑ メディア活用戦略モデルの各ステップを説明できるか？

▶広報企画においては、一挙に成果を上げようとするのではなく、それぞれの段階ごとに必要なことを十分に理解して、業務を進め、「この業務で実現する成果は何か」ということを意識しておこう。

Chapter 1

届けたい人の目に入る！
情報が伝わる
メディアの選び方

広報紙だけじゃない、自治体が使えるメディアの種類

メディアをタイプ別に考える

　自治体が広報企画を実行するために用いることのできるメディアにはさまざまなものがあります。では、それぞれのメディアをどのように使い分ければいいでしょう。「とにかく思いついたものを何でも使う」ということになると、無駄な仕事が増えて忙しくなるばかりです。「これも使わないと不安だ」と考え出すと際限がありません。

　一方で、メディアの使い分けを間違えてしまうと、成果を上げることができません。メディア活用戦略モデル（P.22）のどのステップでどんなメディアを用いることが望ましいかは、今後の章で考えていきますが、その前に、メディアをいくつかの視点で分類することから始めましょう。

活用できるメディアを3つに区分するトリプルメディア

　最初の分類は、**トリプルメディア**という分類です。**オウンドメディア・アーンドメディア・ペイドメディア**という3メディアに分けるので、トリプルメディアと呼びます。

　オウンドメディアは、自治体が内容を直接コントロールできるメディアです。例えば、広報紙、公式ウェブサイト、自治体が体裁や内容を決めて発注・印刷するポスターなどです。また、公式のSNSアカウントも自治体が記事の内容をコントロールしているのでオウンドメディアということができます。

アーンドメディアは、自治体が内容を直接コントロールはできないけれど、他の組織・団体や人々に影響力を与えて、それらの組織・団体や人々がコントロールしつつも、自治体が期待する内容を発信してもらうことができるメディアです。具体的にはマスメディアである新聞記事、テレビ番組、雑誌コラムなどがあります。

ペイドメディアは広告です。情報を継続的に発信する既存のプラットフォーム（土台）である新聞社や雑誌社・テレビ会社に、直接・間接的に金銭を支払い、自治体が伝えたい内容の発信を注文することで、活用することができます。今は、X（旧Twitter、以降はTwitterと表記）、Facebook、YouTubeなども情報のプラットフォームとして大きな力があります。これらのSNSを活用した広告もペイドメディアです。

フォロワーが多く、強い影響力を持ったSNS発信者を「インフルエンサー」と呼びます。これらのインフルエンサーを情報プラットフォームと呼ぶことも可能でしょう。

特に、自らの企画や取材、思考による情報発信にとどまらず、さまざまな依頼を受けて商品やサービスについて情報提供するようなインフルエンサーは、巨大プラットフォームの上に載っている小さなプラットフォームとも考えられるでしょう。

そのため、インフルエンサーへの金銭支払等を条件とする特定の情報発信の依頼・発注、それによるインフルエンサーの発信はペイドメディアとして分類できます。

図1-1 トリプルメディア

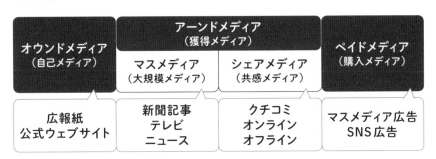

4つの特徴を意識して
働きかけるメディアを選ぶ

メディアを4種類に分けて考えよう

　アーンドメディアでは、自治体が期待する内容がそのまま発信される
わけではないことに注意が必要です。また「影響力」にも強弱さまざま
なものがあり、メディアに働きかければ常に発信されるわけでもありま
せん。アーンドメディアを活用するためには工夫が必要です。

　また、自治体のオウンドメディアによる発信を受けての、多様な
人々のSNSアカウントによる発信、特にTwitterにおけるリツイートや、
Facebookでのシェアなどは、わかりやすいアーンドメディアで、中で
もシェアメディアと言います。

アーンドメディアとオウンドメディア

　ここでは、その「影響の与え方」に注目します。マスメディアに直接
の影響を与える自治体のオウンドメディアには、プレスリリースや記者
会見があります。シェアメディアに直接、影響を与えるオウンドメディ
アは主に公式SNSアカウントによる情報発信です。

　自治体のプレスリリースを、SNSで話題にしてもらおうと思っても、
自治体のリリースに日常的に注目しているSNS利用者は多くはないで
しょう。また、自治体のSNS発信をマスメディアに取りあげてもらおう
と思っても、マスメディアの記者は自治体のリリースがあることを前提
にしているので、公式アカウントからの日常的な情報発信に常に注目で

きるわけではありません。

図1-2 アーンドメディアを獲得するオウンドメディア

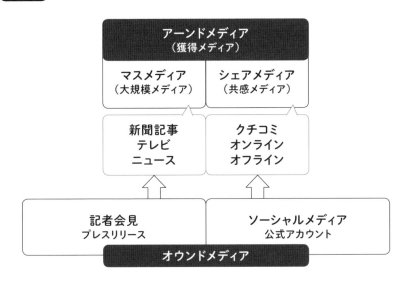

アーンドメディアを獲得できるオウンドメディアとは

　アーンド（獲得される）メディアに区分されるものには新聞記事やテレビ番組などのマスメディアと、Twitterのリツイートなどのシェアメディアがあることは既に述べたとおりです。この２つは、いずれも自治体のオウンドメディアの力によって獲得することができます。

　しかし、マスメディアとシェアメディアでは、獲得するためのオウンドメディアが異なります。**この点を十分に留意しないと「プレスリリースしたのにTwitterで話題にならない」とか、「とても意義深い内容を公式Twitterで発信したのに、新聞は扱ってくれない」というようなボタンのかけ違いが起きてしまいます。**どのようなアーンドメディアにつなげたいかということを念頭に置いて、適切なオウンドメディアを選択する必要があります。

プッシュメディアで引き付けて プルメディアで引き込む

押しかけるプッシュメディアと待っているプルメディア

　メディアは**プッシュメディア**と**プルメディア**に分けることができます。プッシュメディアは自治体から広報対象者に押しかけていくメディアです。一方でプルメディアは広報対象者が自ら情報を取りにくるのを待っているメディアです。

　伝えたい情報をまだ知らない広報対象者や、なんとなく知ってはいても対して関心のない広報対象者に対して、ただのんべんだらりとプルメディアで待っていても情報を取りにきてくれるはずはありません。

　そうした人々に知ってもらう、関心を持ってもらうためには、メディアを使って自治体のほうから押しかけていくことが必要です。否応なく目にとまるプッシュメディアを用意しましょう。

図1-3　プッシュメディアとプルメディア

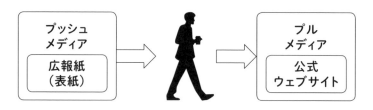

　自治体の持つ代表的なプッシュメディアに広報紙があります。広報紙が全戸配布されていたり、回覧板で自宅に来たりすれば、見ようと思わ

なくても見てしまう人は少なくないでしょう。

　また、公民館で日常的に活動をしている人にとっては、公民館の掲示板に貼ってあるポスターはプッシュメディアになります。しかし、公民館に何年も訪れていない住民にとっては公民館に貼られたポスターでは、プッシュメディアにはならないということになります。

　「広報紙だからプッシュメディア」、「ポスターだからプッシュメディア」と考えるのではなく、「このメディアは【誰にとって】プッシュメディアになるのだろう」という発想が求められます。

　プッシュメディアで提供する情報が詳しすぎてはいけません。押しかけてきたヤツが長々と話しかけてきてもうるさいだけです。**プッシュメディアは「え、それって何？」と注目を引いたら、詳しい情報のあるプルメディアの場所を伝えるだけで、さっと居なくなっても構いません。**

　プッシュメディアで注目を得ることができれば、広報対象者はプルメディアの場所を探してやってきてくれます。

　そうして、やってきた広報対象者を待ち受けるのがプルメディアです。言い換えるならプルメディアは着地点の役割を果たします。待っているメディアであるプルメディアは、プッシュメディアより多くの情報を提供できます。その豊富な情報量を供給できる着地点となるプルメディアで、広報対象者に情報の発信者と発信内容に十分な信頼を提供し、さらに広報対象者から共感を得ることができれば、自治体が期待する行動に導く準備ができることになります。

　もちろん、ここでも、そのプルメディアが【誰にとって】気持ちのいい着地点になるだろうと考えることが大事です。20歳で環境保護を重要だと考えている女性と、75歳で自分の健康を気にしている男性と、35歳で自らの性自認に迷っている音楽家が、同じ着地点で信頼と共感を形成できるわけではありません。プルメディアに適しているのはInstagramなのか、紙冊子なのか。また、そのプルメディアに載せられている情報内容（コンテンツ）はどのようなものが望ましいのか、必要なデータを取り、想像力を働かせてください。

自治体のオウンドメディアを棚卸ししてみよう

オウンドメディアをリストアップする

　トリプルメディアとプルメディア／プッシュメディアを理解したら、それを頭の中だけにとどめていてはもったいない。具体的な広報企画を立てる際に、使えそうなオウンドメディアをリスト化してみましょう。

　自治体の持つすべてのオウンドメディアをリストアップする必要はありません。想定している広報企画で使えるのでは、と思った候補を一覧にします。そのうえでそれぞれのオウンドメディアの特徴に注目して「棚卸し」をします。ここで注目すべき特徴は3つだけで大丈夫です。**①誰にとってプッシュメディアとして働くのか、②誰にとってプルメディアとして働くのか、③情報内容をシェアしやすいのか、それともシェアしにくいか、の3つ**です。

　それ以外に、情報発信の頻度や、想定される到達範囲などを記載してもいいですが、なくても、先の3つだけで十分な棚卸しになります。エクセルで作るのであれば、空白の一列を作ってください。メディア活用戦略モデルのどのステップに使いやすいかを記入するための場所です。

広報紙はプッシュメディアでもありプルメディアでもある

　この棚卸しをするにあたって興味深いオウンドメディアがあります。それは広報紙です。「私の自治体は広報紙が全戸配布だからプッシュメ

ディア」と棚卸ししてしまっていませんか。しかし、20歳代で、独身で子どもも持たず、健康だと自認し、性自認に迷いもない、介護が必要な親と同居していない、地域活動に関心もないという住民にとって、自治体広報紙に掲載されている内容は、ほとんど興味を持てないものであることが一般的です。

　そうなると、広報紙が全戸配布され、郵便受けに入っていたとしても、こうした人々は表紙だけを一瞥して「いつものが来た」とゴミ箱に放り込んでしまいます。

　つまり、行政サービスに関わりが薄い人々の多くにとって、広報紙の表紙はプッシュメディアですが、2ページ以降はプルメディアです。プッシュメディアである表紙で関心を持たせ、プルメディアである2ページ目以降をめくらせるという発想が必要です。広報紙は一例ですが、こうした目をもってオウンドメディアを棚卸してみてください。

　そのうえで、今回の広報企画では足りないメディアがあればアーンドメディアやペイドメディア、あるいはシェアメディアが必要になります。その必要性を確認するにもオウンドメディアの棚卸しは有効です。

図1-4　オウンドメディアの棚卸し例

	誰にとってプッシュメディアとして働くのか	誰にとってプルメディアとして働くのか	情報内容をシェアしやすいか	使いやすいステップ
広報紙	ほとんどの地域内住民	行政サービスに関心のない一部市民には表紙以外はプルとして機能	△	
市民便利帳	転入者及び60歳以上の住民の一部	転入者及び60歳以上の住民の一部	×	
プレスリリース	記者クラブ所属報道機関	×	×	
公式ウェブサイト	熱心な広報モニター	Web環境のある者すべて	○	
同報無線	聴取可能な地域内住民	×	×	
公式Twitter	地域内住民を中心とした2000人程度のフォロワー	用意したTwitterまとめサイトへのアクセス者	◎	
公式LINEアカウント	地域内の住民を中心とした500人程度のフォロワー	×	○	
公式Instagram	地域内住民を中心とした1000人程度のフォロワー	「#○○市」による検索者	○	
公式YouTube	チャンネル登録者150人	Web環境のある者すべて	○	
庁舎窓口ポスター	住民異動・福祉等の手続き者中心	×	△(QRコード)	

愛媛県西条市
「広報さいじょう」

（全国広報コンクール2022特選・総務大臣賞）

≫ 広報紙をページごとに棚卸しする

　西条市の2021年7月号の広報紙は「水辺での子どもの安全を守る」がテーマです。その内容を見れば、できるかぎり広報紙でメディア活用戦略モデルを実現しようとしていることが見て取れます。そのためには広報紙を一括りではなく、それぞれのページごとに棚卸しして役割を使い分けることが求められます。

≫ 広報紙の表紙を認知獲得を図るプッシュメディアにする

　まず、広報紙の表紙です。表紙には特集にあわせてライフジャケット（ライジャケ）を着けて水遊びをしている2人の子どもの写真があしらわれています。

　表紙は広報紙を手に取ったほとんどの住民にとってプッシュメディアになります。表紙を見た住民は「水辺での笑顔」を認識したうえで、「ライジャケってなんだろう」と表紙の写真を見返し、「ああ、ライフジャケットのことか」と確認したかもしれません。

　このことは第3章で述べる認知獲得のための「誘発ポイント」にもなっています。しかし、これだけであれば、多くの住民はライフジャケットのことを知っただけでとどまることも考えられます。

　広報企画としては不十分でしょうか。いえ、西条市にとって、多くの住民が「ライフジャケットについて役所が何か伝えようとしている」との認知をしてくれるだけで十分なのです。この広報企画で、行動を促す対象は全住民というより、比較的低年齢の子どもを持つ保護者という、

的確にセグメントされた人々だからです。

図1-5 「広報さいじょう」2021年7月号表紙

表紙を関心を惹き起こすプッシュメディアにする

　セグメントした広報対象者である比較的低年齢の子どもを持つ保護者にとって、自分に関係がある内容だと思わせるためには、低年齢の子どもが写っている表紙であることが意義を持ちます。

　ただし、子どもが写っていればそれでいいわけではありません。プッシュされた広報対象者の目を強く引く、優れた写真であることが重要です。

　広報紙の表紙における優れた写真とは、光と影、背景の捉え方、色、

構図、画角、距離、被写体の躍動感などに加えて、その内容によって、広報対象者が、強く関心をもつだけの写真であることが求められます。

　さらに、表紙に気づきへの要素が埋め込まれていることが大事です。子どもたちが色鮮やかなライフジャケットを着けて水と戯れている。そのことが「これはなんだろう」というプルメディアへの誘い込みになり、強力なプッシュメディアになっています。

≫ 2ページ以降は広報対象者を適切に待ち受ける着地点

　自治体オウンドメディアの棚卸し例（図1－4）では、行政サービスへの関心が薄い人々を除く多くの住民にとって、広報紙の2ページ以降もプッシュメディアとして働くと考えました。

　西条市の企画での対象者である低年齢の子どもを持つ保護者は、行政サービスへの関心が高いセグメントであると考えられます。このことから、2ページ以降も十分にプッシュメディアとして働くでしょう。

　しかし、この企画では、プッシュメディアとしての表紙の力で広報対象者の強い関心を引き、さらに、広報紙の2ページ以降が詳しい情報を十分に伝え、信頼を供給し、共感を形成する着地点であるプルメディアとして機能しています。プッシュメディア、プルメディアの区分が広報対象者や状況により、その濃度を変えている事例です。

　また、2ページ以降に専門家の言葉や具体的なデータを示すことで信頼を供給するとともに、過去に西条市で起きた事故の悲劇や地域の人々の言葉で十分な共感を形成しています。

　的確な広報企画を実現するためには、オウンドメディアの棚卸しの発想を十分に持ち、プッシュメディアとプルメディアという考え方を的確に使いこなす必要があることが理解できるでしょう。

図1-5 「広報さいじょう」2021年7月号から

【参考URL】（2023年8月4日確認）
https://www.city.saijo.ehime.jp/site/koho/koho202107.html

茨城県龍ケ崎市子育て支援センター
「おうちで、さんさん館」ムービー

（全国広報コンクール 2021 茨城県代表）

≫ 職員が出演した動画には手作り感が溢れている

　龍ケ崎市の子育て支援センターは、コロナ禍でなかなか外出ができないなか、家でもセンターに来ているように楽しんでほしいと考え、3歳児までを対象とした龍ケ崎市子育て支援センター「さんさん館」のオリジナルソングを動画にしています。

　動画では、5人の職員がセンターの部屋でお揃いのエプロンをつけて、横に並んで立っています。そして、龍ケ崎市子育て支援センターオリジナルソングの「アイスクリーム」を楽しそうに身体を揺らしたり、手遊びをしたりなどして歌い始めます。「アイスクリーム」の最後には、いったん画面から切れた2人がアイスクリームのぬいぐるみを持って現れるのですが、その時、職員の1人が持っていたぬいぐるみを落としてしまい、恥ずかしそうに笑っている様子も映っています。

　続いて、次のオリジナルソング「くるまははしる」が流れます。中ほどにいる職員が手を伸ばし「ハンドル持って。いいかな。出発進行」と腕を上げながら声を上げて、歌が始まります。「アイスクリーム」よりもジェスチャーは大きくなっています。パトカーや黄色いバスを描いた手作りのダンボールを持ちながら、ぐるぐると回りながら歌う職員の姿が元気そうです。

　進行係の職員が立ち止まったと思うと「ガソリンが無くなってきちゃった、ゴゴゴゴゴゴゴゴ」と言いながら、お腹に手を当ててガソリンを入れている様子を表します。また、「お友達に会ったら『こんにちは』言わなきゃねぇ」と言って、手を振る姿もあります。

３つめの歌は、これもオリジナルソングの「でんしゃははしるよ」です。いろいろな動きのあと、音楽は続いたまま、画面が机の上に、切り替わります。これもダンボールで手作りした電車を手で動かして、山やトンネル、池、駅などを走っていく様子を示します。

　そこには「たつのこやま」「うしくぬま」「さぬきえき」などと地元の地名が書かれ、「３月14日からさぬきえきは龍ケ崎市駅になりました」との一言がピアノの音ともに流れます。

　最後のキャプションには「動画内の音楽が入ったCDは龍ケ崎市さんさん館子育て支援センターで購入できます」「龍ケ崎市＝子育て環境日本一プロジェクト」「たつのこアクション　検索」との表示が出て７分３秒の動画が終わります。

図1-7 おうちで、さんさん館No.1

≫ 「いい動画」とはどのようなものだろう

　動画を作成するときには、多くの注意点があります。カメラワーク、構図、冒頭でのインパクト、ストーリー性。最近ではSNSでの動画で

の尺、つまり時間について、長い時間のものは見てもらえない傾向にあるので、TwitterやInstagramでは30秒や1分、YouTubeでも3分程度にしたほうがいいなどと言われたりします。

　その視点で考えると、「おうちで、さんさん館」ムービーは失敗作にも思えるかもしれません。カメラワークは基本的には動きがなく、構図の工夫というより据え置きに近いものです。冒頭は5人の職員が並んでいるだけで大きなインパクトがあるわけではありません。ストーリーはなく、3曲の歌が歌われているだけです。時間は7分以上あります。

　では、なぜこの動画は評価されたのでしょうか。龍ケ崎市子育て支援センターは、メディアとしてのこの動画を、既存の利用者に深く刺さるプルメディアとして機能させています。ここから「バズる」「シェアされる」ことを期待しているわけではありません。

　もしこの動画が、龍ケ崎市子育て支援センターを知らない人から認知を得るためのメディアだとしたらどうでしょうか。広い認知を取るためのプッシュメディアとしての動画であれば、冒頭でのインパクトを強め、視聴者にもう少し見てみようかと思わせたうえで、さらに、アーンドメディアとしてシェアしたくなる。そうした内容が必要になります。

　また、動画視聴をきっかけとして行動変容を期待する対象セグメントを定めてはいても、その対象セグメントが、どんな行動を期待されているのかがわかっていない。そのため、動画でどんなコンテンツが提供されているのか知らない、内容への期待がない場合はどうでしょう。

　動画が5分も10分もある。あるいはそれ以上の長い尺であるとわかれば、時間を無駄にしたくないと考え、動画を視聴しないことは大いに考えられます。ふと見始めたとしても、再生が長くなれば、そこに十分なストーリーがなければ、途中で離脱してしまうでしょう。

　しかし、龍ケ崎市子育て支援センター「さんさん館」は、この動画で新たな認知を獲得しようとしているわけではありません。また、行動を期待する対象セグメントは、コロナ禍前には「さんさん館」に通っていた子どもや、その保護者であり、この動画をきっかけに何をしてほしい

のかを十分にわかっています。

　この動画に優先されるものは、カメラワーク、構図、冒頭でのインパクト、ストーリー性よりも、普段いる職員の声や姿という信頼や共感ということになるでしょう。そう考えれば、ぬいぐるみを落としてしまった姿も、動画としては「失敗」ではなく、むしろ「共感」につながる映像だと考えられます。

≫≫「長い動画は見られない、動画は短く」は本当か

　こうした事例を見れば、動画の尺についても単に「長いものは見られない」と考えるのでは、十分にメディアを活用することはできません。

　確かに、伝えたい存在を知らない人に視聴させ、認知を獲得し、関心を引き起こすためのメディアとしての動画であれば、インパクトの強い短い動画が望ましいでしょう。TwitterやInstagramでの30秒や1分という長さはそのことを意味しています。一方で、「少し見てみようか」とあらかじめ思わせることができているのであれば、3分程度のYouTube動画は十分に有効です。

　さらに、YouTubeであっても「腰を据えて見よう」と思っている対象セグメントであれば、相当長い尺であったほうがいいことも少なくありません。このところ、20歳代・30歳代にとどまらず、50歳代以上によるYouTubeの視聴が増えています。また、YouTubeをスマートフォンやPCではなく、テレビ受像機で見ることも多くなってきました。こうした年代や視聴機器では、長尺動画が求められることも十分にあり得ます。

　動画をどこで働かせるメディアとするのか、いや、動画に限らず、メディアをどこで働かせるのか、そのことを考えることが大切です。

【参考URL】（2023年8月4日確認）
https://tatsunoko-action.jp/2280/

1章まとめ

☑ 広報企画に使えるメディアにはどんな種類があるか？

▶自治体がコントロールできるオウンドメディア、自治体の力で獲得できるアーンドメディア、金銭の支払いで利用できるペイドメディアというトリプルメディアという区分と、プッシュメディア・プルメディアという区分を、それぞれの特徴とともに理解しておこう。

☑ 広報企画で利用できるオウンドメディアには、どのようなものがあるか？

▶オウンドメディアの棚卸しを行い、使えるメディアが、誰にとってプッシュメディアとして機能するのか、誰にとってプルメディアとして働くのか、さらに、そのメディアのシェアのしやすさについても、チェックしておこう。

☑ 行動を期待する広報対象者それぞれにとってのメディアの意味を理解できているか？

▶「動画を作りさえすればよい」というような考え方をするのではなく、誰にとって、どのような働きをするメディアなのかという視点からメディアを見直し、一般的な活用方法に囚われずに、具体的に検討しよう。

Chapter 2

最短で成果を出す！
企画を立てる前に
調べておくこと

なぜ思いつき「だけ」で
広報企画を始めてはいけないのか

図2-1 メディア活用戦略モデル(前の傾聴)

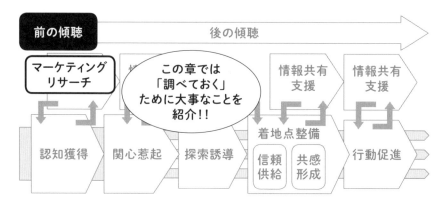

メディア活用戦略モデルにおける「前の傾聴」とは

　これからの章では、メディア活用戦略モデルを理解することで、的確な広報企画を実現することを目指します。図2-1はメディア活用戦略モデルを再掲し、この章ではどの部分を説明するのかを示しました。

　図2-1に記された言葉や、ブロックの大きさや重なり、ブロックの後ろにある途中から3本に分かれた面の意味も0章6で紹介していますので、ちょっと複雑に思われたときは、それらの説明に戻ってみてください。

　まず、第2章では「前の傾聴」について考えます。その他のステップは、このあとの章で一つ一つ説明していきたいと思います。

0章6の一覧表では「前の傾聴」について、「広報企画を実現する前提としての現状を十分に調べる」と説明されています。詳細は2章2以降で述べますが、**ここでの「傾聴」とは、ヒアリングやアンケートなどで情報を聞き取ることにとどまらず、既存の資料や調査を参照することで「現状を十分に調べる」ことも意味します。**

　「傾聴」という言葉は聞き慣れないかもしれませんが、マーケティングアナリストであるシャーリーン・リーという人が『グランズウェル』（シャーリーン・リー／ジョシュ・バーノフ著、伊東奈美子訳、翔泳社、2008年）という著書で用いた言葉です。興味のある方はぜひ読んでみてください。

■「前の傾聴」はマーケティングリサーチの発想で

　「前の傾聴」は、企業活動で言えばマーケティングリサーチです。マーケティングリサーチとは、「自社の商品やサービスを的確に訴求し、顧客に購入を促すために役立つ情報を、消費者から収集する調査・分析」ということができるでしょう。これを自治体広報に置き換えて考えてみましょう。例えば、がん検診を担当としている部署を例に挙げてみます。

　当該部署では、がん検診への人々のイメージを確認するために、週に1回はTwitterで「がん検診」と検索していました。すると、ここ1か月ほど、受診への不安が多く語られていたり、結果の信頼性などについて否定的なツイートが多く見られたとします。このTwitterでの検索も「傾聴」です。

　こうした大きな方向性を把握するなかで、どうも、自らの自治体でも、がん検診を受診する市民の比率が低くなっているのではないかと仮説を立てたとします。低下は確かなのか、どの程度低いのかを調べる、つまり「傾聴」する必要があります。

　近隣自治体の受診率と比較しても低下しているのか、ここ数年の自らの自治体での数字と比較して低下しているのか。いずれにしろ、近隣自治体の受診率の経年推移と、自らの自治体の受診率の経年推移の既存調

査結果を調べる、つまり「傾聴」する必要があります。

　既存の文献を「傾聴」してみた結果、低下していると思ったのは単なる印象であって、近隣自治体と比較しても、自らの自治体の経年推移と比べても、そう低い状況ではなかったとすれば、広報企画として、がん検診受診率向上を図る優先順位は低くなるでしょう。

発見したデータを基礎に傾聴する

　一方で、「傾聴」の結果によって、自らの自治体のがん検診受診率を性別・年齢別に比較すると、30歳代の女性の受診率が、男性や他の年齢層に比べて低いことがわかったとします。

　そうであれば、30歳代女性を広報対象者として、がん検診の受診を促す広報企画を行うことは意味がありそうです。

　「傾聴」した性別・年齢別がん検診受診率を基礎に、この広報企画を実行しようということになった場合、30歳代女性について多様に調査・「傾聴」することが必要になります。

　30歳代女性は一般的に受診率が低いのか、あるいは、何らかの他の属性の違いによって受診率に差があるのかを調べ、セグメントすることで、よりターゲットを絞った広報企画を行うことが可能になります。

　しかし、どんな属性が受診率格差につながっているのか、どのようにセグメントしていいのかがわからなければ、アンケートの選択肢も考えられません。そこで、30歳代女性20人に集まってもらい、5人ずつ4つのグループに分けてインタビューを行います。これも「傾聴」です。

　このとき一問一答方式ではなく、がん検診について自由に発言してもらい、意見交換してもらうようにします。その結果、健康に強い自信を持ち、日常的に運動している30歳代女性の受診率が低いのではないだろうかという「仮説」を思いつき、構築できたとしましょう。

　アンケートは、こうした仮説を確認するために有効です。健康への自信に関わる設問と選択肢を用意し、がん検診の受診経験の回答とクロスさせることで、この仮説が正しいかどうかを確認できます。このアン

ケートも「傾聴」です。

　アンケートの結果、30歳代女性で健康に強い自信を持ち、日常的に運動しているセグメントの受診率が、そうではない属性の者に比べ、明らかに低いということが確認できたとします。これも「傾聴」の結果です。

　つまり、仮設が正しく、立証されたことになるので、いよいよこのセグメントにあたる人々を広報対象者に、広報企画を実行することとします。

　その際、このセグメントにあたる人々が、どこで情報を入手し、どのような内容の情報に共感するのかを明らかにしておけば、無駄のない情報発信が可能になります。この点をグループインタビューやアンケートでも確認しておくことが期待されるでしょう。これも「傾聴」です。「前の傾聴」という言葉は聞き慣れないかと思いますが、こうした例をもとに理解を深めましょう。

住民・議会に説明できるようにするために調べる

　「思いつき」「ひらめき」「インスピレーション」から広報企画を始めることは大事です。なんとなく気になっていたけれど、それが表面に現れてはきていなかった。その課題が何らかのきっかけで、思いのなかにふと浮かび上がってくる。あるいは、引継ぎを受けた課題への解決の可能性がちらっと頭をよぎる。そうしたことから広報企画が始まることは少なくありません。広報企画の仕事は定型的なものではなく、その都度の発想が重要になる仕事でもあります。

　しかし、そうした思いつき「だけ」で広報企画をつくり、実行してしまうと、いろいろと厄介なことが起こります。

　まず、説明責任という問題があります。自分のお金で行うわけではなく、住民から税として預かったり、国・都道府県から交付されたりしたお金で仕事をする以上、なぜ、その仕事をするのかを説明する必要があります。このことはすでに、0章5で紹介したロジックモデルの考え方でも確認したところです。

現在の課題を体感にとどめず、できるかぎり定量的に明らかにするためには、事前に調査する「前の傾聴」が必要になります。

　「がん検診の受診者が少ない気がする」というだけで広報企画を立案し、実行したという仕事をすることはないでしょう。

　がん検診の受診者が対象者の何パーセントで他の自治体に比べて相対的に少ないとか、性別比や年齢階層比でこのような凸凹があるなどの確認はするはずです。

　そして、そのような課題の定量化にとどめず、ロジックモデルの発想により、どう段階的に解決していくのかについても、現状と仮説としての期待もできるかぎり定量化して示すことが求められます。

■ ステップごとの「成果指標」を設定するために「傾聴」する

　「前の傾聴」は広報企画のステップごとの成果指標を設定するためにも活用できます。

　まず、「前の傾聴」によって、例えばがん検診を支援する制度について、自治体が制度を認知してほしいと考えている人々の現状の認知状況を測ることができれば、その現状の数字を向上させる必要があるか否かの確認が可能となり、向上させる必要があるのなら、どの程度の向上が必要かを仮説的に設定することができます。

　ここで「仮説的」と述べたのは、100%の認知を得ることが望ましいとしても、実際には困難である以上、意識を変え、行動を促したいと考える広報対象者の実際の行動の促進に結びつけるために、どの程度の認知率が必要なのかは、あくまで仮説にとどまるからです。

　その意味ではロジックモデルも仮説による構造です。あまり詳細に設定しようとせず、なぜ、その数値を設定したのかを緩く説明できればいいと考えます。

　こうした形で、認知状況だけではなく、意識を変え、行動を促したいと考える広報対象者、例えば30歳代女性で健康に強い自信を持ち、日常的に運動している人々の現状のがん検診への関心の高低を確認し、それ

をどれほど引き上げる必要があるかを成果指標として設定します。

　同様に、そうした属性を持つ女性たちが、がん検診について詳しい情報が書かれているプルメディア、例えば公式ウェブサイトにアクセスしているのか、どの程度のアクセスが必要なのかを考えます。

　これは、がん検診についての信頼性はどれほどのものか、あるいはがん検診を受診することへの共感はどの程度広がっているのかを「傾聴」しておくことが意義を持ちます。

　さらに、がん検診や受診経験などがどの程度シェアされているか、そのシェアの内容、ポジティブなのかネガティブなのかを「傾聴」することも有効です。ポジティブなシェアを増やすことができれば、意識を変え、行動を促したいと考える広報対象者に、がん検診受診に向けて、プラスの影響を与えることもできると考えられるからです。

「前の傾聴」は「後の傾聴」の意義を高める

　「前の傾聴」を行うことで、ステップごとの成果指標を仮説的に設定でき、メディア活用戦略モデルにおける「後の傾聴」が可能になります。

　「後の傾聴」については、だいぶ先になって説明することになりますが、少し先取りすれば、的確なPDCAサイクルを回すための取り組みであるということができます。

　「前の傾聴」によって仮説的な成果目標を設定しておくことで、「後の傾聴」の時に、その達成状況や成果目標自体の見直しが可能となります。

　「前の傾聴」により、広報対象者を明確にし、広報対象者が用いるメディア、共感する内容を確認し、メディア活用戦略モデルの各ステップごとの成果指標を設定することが可能になります。

「前の傾聴」を使って
褒められる仕事をする

■ ステップごとの成果を示そう

　ここからは、2章1で述べたことを視点をあらためて確認していきます。

　公務員の仕事はなかなか褒められません。さらに**「どんな成果を上げているのかわからない」**とも思われがちです。民間企業であれば金銭的な利益が増大するなどのわかりやすさがあります。自治体は金銭的利益だけでは測れない仕事をしているので、仕事の成果がどうしてもわかりにくくなります。

　そこで「前の傾聴」です。**現状をできるかぎり明らかにする。それも可能なかぎり定量的に示す。**2章1で述べたがん検診の受診を促す広報企画のステップごとの指標を思い出してください。

　そのとき、図0－4のロジックモデルでいうインパクト（目的）の定量化にとどめず、そのインパクトを実現する【段階的な】アウトカム（影響）についても現状と期待、そして成果をできるかぎり明らかにする、それも可能なかぎり定量的に示すということがあればどうでしょう。「今までは、がん検診に自治体の助成があることの認知率は45％だったけど、この仕事で70％まで向上した」と明確にすることで褒められやすくなるはずです。

　それも【段階的】に示すことで、褒められる機会やネタを増やしましょう。インパクトの定量化だけでは1回しか褒められる機会はありません。そのうえ、インパクトは定量化しにくいことが多かったり、向上したと

しても多くのアウトカムの複合から生まれたりするので「私の仕事」で向上したことを説明しにくくもなります。

　しかし、**一つ一つのアウトカムを段階的に定量化して向上を明らかにすれば、褒められる機会は増えることになりますし、インパクトの向上を「私の仕事」の成果であると説明しやすくもなります。**

　段階的なアウトカムを明らかにするために使える発想が、すでに紹介し、この本のベースになっている図0−6のメディア活用戦略モデルです。このモデルでは「認知獲得」「関心惹起」「探索誘導」「信頼供給」「共感形成」「行動促進」「情報共有支援」と、褒められる機会が7回あります。

図2-2　「これだけ向上させました」

| 認知 | 関心 | 探索 | 信頼 | 共感 | 行動 | 共有 |

　これを「前の傾聴」で、できる範囲で現状を確認します。例えば、「いま、住民はこの課題について、どれだけ認知しているだろうか」「行動を促そうとする広報対象者は、その行動について、どの程度の関心を持っているだろうか」「詳しい情報にどれだけアクセスしているだろうか」「そうした行動の意義についてどれだけ信頼しているだろうか」「そうした行動の必要性にどれだけ共感しているだろうか」「そもそも、どの程度行動しているのだろうか」「課題や行動について、どの程度、情報を発信しているだろうか」。

　これらを「前の傾聴」で明らかにしておくことで、向上したときに褒められるネタになります。「私の仕事」でせっかく成果を上げても、もともとがどうだったのかがわからないと、褒められる機会を失ってしまいます。

「前の傾聴」は成果目標をつくるためのネタにもなる

「前の傾聴」で各段階の現状をできるかぎり定量的に明らかにすることは、各段階の成果目標を設定するためにも有効です。

「現状が○○だから、これを◎◎まで増やそう。そうなれば、次の段階では現状の□□が■■になるだろうし、もう一つ工夫をすることで◇◇にもできる可能性があるぞ。そうなれば、インパクトの目標設定として期待されている△△も実現できるはずだ」という考え方です。

ただ、このとき気をつけることは、この成果目標数値はあくまで仮説であるということです。この点をあらためて確認しましょう。場合によってはインパクトの数値目標は「私の仕事」以前に定められてしまっているかもしれません。しかも、それ以外の各段階の成果目標はあくまで「こうなれば、こうなるだろう」という机上の整理です。

それでは、段階ごとの成果目標など立てても無意味でしょうか。そんなことはありません。「前の傾聴」で明らかにした現状を基礎に、仮説的な成果目標が設けられているからこそ、「後の傾聴」によって確認できた数値をどう評価することが適切なのか、それに基づいて、どのように仮説を改めて、より的確な広報企画として継続するのかを決めていくことができるはずです。

無駄な仕事を減らし、楽をして褒められる

この本の「はじめに」で「この本がもっとも大事にしていることは、広報企画を行う担当者が『楽になる』ということです」と述べました。

「前の傾聴」も担当者が「楽になる」ための仕事です。楽になるためには、できるかぎり無駄な仕事をしないことが大事です。「とりあえずやっておく」「一応、これも進めておく」という仕事が「楽」を阻みます。

そうした「とりあえず」「一応」をしなくても済むように、「前の傾聴」では、行動を期待する広報対象者が「どんなメディアを使い」「どこでメディアに接触し」「どんなコンテンツに心が動くか」を確認しておきま

す。例えば2章1で述べたがん検診の事例では、健康に強い自信を持ち、日常的に運動する30歳代女性が「どんなメディアを使い」「どこでメディアに接触し」「どんなコンテンツに心が動くか」について考えました。

　そのためにも「行動を期待する対象者」をしっかりとセグメントすることが大事です。認知獲得では幅広い人々を対象とすることはありますが、実際に行動を期待する対象者は十分にセグメントしましょう。

図2-3 セグメントすることで共通点を見つけやすくする

　十分にセグメントしないと、先の質問に回答が得られません。市民はどんなメディアを使うのか、市民はどこでメディアに接触するのか、市民はどんなコンテンツに心が動くのか、これでは幅広すぎて、多様な市民の共通点はほとんどなく、答えはとても難しくなります。

　しかし、行動を期待する広報対象者を、未就学児を育てている母親とすれば、その回答は容易になります。未就学児を育てている母親に聞くという「前の傾聴」を行えばいいからです。少なくとも「市民」よりは共通点は多くなるでしょう。その共通点を明らかにすることで無駄な仕事を減らすことができます。

　保育所・幼稚園の「園だより」で情報を得る、子どもたちの笑顔に心が動く、保健師の言葉は信頼している、共感できるママ友がいる人が多い、そんなことがわかるかもしれません。そうであれば、どんなメディアを使い、どんなコンテンツが有効なのかが明らかになり、地域の掲示板すべてにポスターを貼る必要はなくなるでしょう。

「前の傾聴」はどんな方法で
行うのか

傾聴ツールを使い分ける

　すでに述べたように「前の傾聴」は、企業活動で言えばマーケティングリサーチです。具体的な方法はさまざまにありますが、この本では、**アンケート、フォーカスグループインタビュー、ソーシャルリスニング**について考えてみます。

　認知、関心、信頼、共感、行動などの現状レベルを把握するための量的分析にはアンケートが有効です。

　図2－4にある「定量的把握」として具体的な数字で結果を得ることができます。

　アンケートの具体的な方法については、あらためて述べる必要はないでしょう。こうしたアンケートでは必ずしも市民全体に聞く必要がないものがほとんどです。市民全体の構成比に基づいた数百人程度のサンプルによって、厳密さよりも、大きな方向性を把握すれば足ります。

　そのうえで、広報対象者が明確になっているのであれば、そうした対象に限定したアンケートを行うことで、数字として表れる現状を分析することができるでしょう。

　一方で、広報対象者がどのようなメディアに触れているのか、また、共感するコンテンツはどのようなものかを確認するような場合は、最初からアンケートを行うことは得策ではありません。

　アンケートは図2－4に「仮説確認」と記したように、「こうであろう」という仮説を確認するためには使いやすい方法ですし、数字による定量

化によって説明力も増しますが、「はたして、どうなんだろう」と仮説を設定するために使うには、十分な分析が求められます。

図2-4 「前の傾聴」方法抜粋（太枠は特に利用推奨されるもの）

	アンケート	フォーカスグループインタビュー	ソーシャルリスニング
認知〜行動に至る各段階の現状	定量的把握	定性的把握	大きな方向性の把握
広報対象者の利用するメディア、共感するコンテンツ	仮説確認	仮説構築	大きな方向性の把握
関連施策への理解	定量的把握	定性的把握	大きな方向性の把握

フォーカスグループインタビューを使う

　こうした分析を支援したり、まだ海のものとも山のものともわからない状況の輪郭をつかんだりするためには、フォーカスグループインタビューが有効です。図2-4に「仮説構築」と記した内容です。

　広報対象者がすでに明らかになっているのであれば、その対象に属する数人に集まってもらい、基本的な質問だけを決めておいて、一問一答ではなく、司会者を決めたうえで、自由に意見を述べ合う座談会形式で行います。

　そこで出された意見を参考にして、広報対象者がどのようなメディアを利用しているか、共感するコンテンツはどのようなものかといったことを確認することができます。

　フォーカスグループインタビューは、図2-4に記したように、数字

による「定量的把握」は困難ですが、数値化できない生の意見のような「定性的把握」が可能です。

　さらに広報対象者の特性をはっきりさせるためには、フォーカスグループインタビューから仮説を導き、その仮説の適切さをアンケートで確認することも考えられます。

　図2－4の「仮説構築」と「仮説確認」をセットとして行う発想になります。フォーカスグループインタビューは対面ではなくオンラインでも可能です。司会者には議論を整える力が求められますが、介入は最小限にして、適切に「聞く」ように心がけることが重要です。

　グループ内で意見交換が行われるような状況になれば、そうした会話を聞きつつ、焦点がずれすぎていないかに留意してコーディネーション（調整）するようにしましょう。

　もちろん、そうしたコーディネーションが不得手であるというのであれば、専門の業者などを活用することも可能です。

　フォーカスグループインタビューを適切に使うことができれば、メディア接触や共感するコンテンツ把握にとどまらず、広報企画への思いもかけなかった、あるいは意義のあるヒントも「定性的把握」として得ることができるでしょう。

ソーシャルリスニングという方法

　仮説設定のための「前の傾聴」には**ソーシャルリスニング**も活用できます。ソーシャルリスニングではSNS、特にTwitterやInstagramでの発信内容を把握します。厳密性はありませんが、図2－4にあるように「大きな方向性の把握」には有効です。　ごく簡単にはTwitterやInstagramのキーワード検索やハッシュタグ検索を利用することが考えられます。「Yahoo！リアルタイム検索」やTwitterの「高度な検索」を利用することも考えられます。

　ある施策の課題を解決するための広報企画であるとすれば、**その施策について、Twitterのユーザーがどのように考えているのかを確認する**

ことが可能です。

　例えば「○○市　子育て」という文字列で自分の自治体名を入れてTwitterを検索することで、子育て施策に関わる広報企画へのヒントが見つかる場合もあります。

　住民を含めたSNSユーザーが○○市の子育て施策にどのようなイメージを持っているのかの把握や、行政担当者が気づいていない課題が見えることもあります。

　小規模自治体では十分な検索結果が得られないこともありますが、資金もかからず、手間もほとんどないので、やってみてはどうでしょうか。

　ソーシャルリスニングには、いくつかの自治体も用いている「NetBase」などの有料ツールもあります。指定したキーワードに対する肯定的な意見と否定的な意見を比較するポジネガ分析や、発言のきっかけとなったメディアを明らかにするような分析も可能です。

　しかし、資金と手間をかけてまで必要かどうかは、コストパフォーマンスを考えて検討することが必要です。

　広報対象者にとって有効なメディアを確認するためには「ＡＢテスト」という手法も利用されます。調査対象者にＡというものと、Ｂというものの両方を見せ、より「見たくなる」「伝えたくなる」「面白い」などの評価を確認したうえで、メディアを最適化する方法です。広報対象者の利用するメディアや共感するコンテンツを決定していく際に、活用することができます。

　このＡＢテストについてもアンケートと同様に、行き当たりばったりで行うのではなく、フォーカスグループインタビューや既知の調査などにより、一定の仮説を立ててから行うことが必要であることも覚えておきましょう。

　さらに近年ではAIを利用した傾聴も可能になっています。単なる検索ではなく、質問に対し、違和感のない日本語で回答を返してくれます。

　使い方にはいくつかのコツも必要です。こうした技術そのものへの批判もあることに留意しながら、活用を検討することもできるでしょう。

福島県会津若松市
「＃会津の宝探し」で 市民向けシティプロモーション

（全国広報コンクール 2020 特選・総務大臣賞）

≫≫ オウンドメディアの強みと弱み

　会津若松市は、若年者の人口減少等の課題を受け、市民のシビックプライドを高めることを目的として、公式Instagramで『＃会津の宝探し』というフォトコンテストを行いました。この広報企画は、いろいろな部分でとても優れたものです。

図2-5　会津若松市「市政だより」（2018年12月1日号）から

　ここでは、「前の傾聴」に注目をして紹介していきます。
　まず、会津若松市は代表的なオウンドメディアとして、広報紙「あいづわかまつ市政だより」、テレビ広報番組「あいづわかまつ情報チャンネル」、Facebookなどの公式SNSアカウントについて、特徴・強み・弱みを分析しました。

ここで注目することは、それぞれのメディアを分析するにあたって、目的である「高齢者が多く、若年層の少ない会津若松市において、戦略的な市民向けシティプロモーションを展開するため」という前提に基づいて分析を行っていることです。

　強みや弱みは相対的なものであり、目的を明確にしないまま分析をしても意義のある成果は見込めません。会津若松市はその点を十分に意識していたことを忘れてはならないでしょう。

　そのうえで、月1回全戸配布される広報紙の強みとして、市民の手元に届きやすいこと、市民の8割が広報紙を読んでいる一方で、弱みとしてタイムリーな情報が載せられないこと、広報紙の内容によっては十分に読んでもらえない場合もあることを確認しました。

　テレビ広報番組については、視聴率が平均5％を超えていることや、映像情報であることによるインパクト、市域を超えて県内に情報発信が可能である一方で、1回限りの放送であることによる見逃しや視聴層が比較的高年齢になっていることがわかりました。

　ソーシャルメディアの公式アカウントでは、タイムリーな情報提供や若年層への訴求、さらに「いいね」などによる反応の確認などの強みがある一方で、前提としてフォローしてもらうことが必要であり、高齢者の利用はハードルが高いと考えられました。このように、実現したい政策目的（インパクト）にとっての、オウンドメディアの強みと弱みを明らかにしておくことで、広報企画の立案が無駄のないものになります。

》》 SWOT分析による現状確認

　会津若松市は、この特徴・強み・弱み分析を、SWOT分析に発展させました。SWOT分析の「SWOT」とは、①強み、②弱み、③機会、④脅威を意味する英単語である①Strengths、②Weaknesses、③Opportunities、④Threatsの頭文字を並べたものです。

　SとWはすでに生じている内部的要因（内部環境）、OとTは、将来の可能性を含めた外部的要因（外部環境）から生じます。

図2-6 SWOT分析

	プラス要因	マイナス要因
内部環境	S	W
外部環境	O	T

　会津若松市は、個々のオウンドメディアごとの特徴・強み・弱み分析を基礎に、オウンドメディア全体のSWOT分析を行いました。その結果、Strengthsとして「8割の市民が読んでいる広報紙」「視聴率が5％以上の広報番組」「若年層にアプローチできるSNS公式アカウント」が確認できました。Weaknessesとしては、「内容によっては十分に読んでもらえない広報紙」「見逃したら情報受信できないテレビ広報番組」「フォローが前提となるSNS公式アカウント」が挙げられました。

　Opportunitiesとしては今後の可能性として検討していた「広報紙のカラー化」「広報紙面のリニューアル」、Threatsについては「若年層の地域情報への関心の薄さ」「若年層のテレビ離れ」が提起されました。

≫ クロスSWOT分析による企画立案

　会津若松市は、現状確認のためのSWOT分析を「では、何をしたらいいのか」という提起につなげていきました。この「では、何をしたらいいのか」という「打ち手」を発見するために有効な方法に「クロスSWOT」分析があります。

　クロスSWOT分析は、SWOT分析をもとに①自らの現状の強みと将来の可能性及び外部環境のチャンスを利用して何を行うか、②自らの現状の強みを活かして将来の可能性及び外部的要因による脅威にどう対処するか、③将来の可能性及び外部環境のチャンスを活用するために自らの現状の弱みをどう補強するか、④将来の可能性及び外部的要因による脅威を少しでも低減するために自らの現状の弱みをどうカバーするか、という4つの打ち手を探すために行われます。

図2-7 クロスSWOT分析の考え方

	S	W
O	①自らの現状の強みと、将来の可能性及び外部環境のチャンスを利用して何を行うか	③将来の可能性及び外部環境のチャンスを活用するために、自らの現状の弱みをどう補強するか
T	②自らの現状の強みを活かして、将来の可能性及び外部的要因による脅威にどう対処するか	④将来の可能性及び外部的要因による脅威を少しでも低減するために、自らの現状の弱みをどうカバーするか

　会津若松市は「前の傾聴」によって、十分なマーケティングリサーチを行い、次のようなクロスSWOT分析を導き出しました。

図2-8 会津若松市のクロスSWOT分析

		S 8割の市民が読んでいる広報紙 視聴率が5％以上の広報番組 若年層にアプローチできるSNS公式アカウント	W 内容によっては十分に読んでもらえない広報紙 見逃したら情報受信できないテレビ広報番組 フォローが前提となるSNSアカウント
O	広報紙のカラー化 広報紙面のリニューアル	リッチ化した広報紙とテレビの連動による情報発信力の強化 広報紙とSNS公式アカウントの連動による幅広い年齢層への訴求	ビジュアル重視の広報紙による特集記事の展開 広報紙特集を契機とした市民参加型企画「#会津の宝探し」による公式Instagramでフォロワー獲得
T	若年層の地域情報への関心の薄さ 若年層のテレビ離れ	SNSでのタイムリーな情報のフォロー メディアミックスによる多様な年齢への情報訴求	学生PR部「AiZ'Sモーション」による個人Instagramアカウントによる情報発信

　その結果、いくつかの方策とともに、「『#会津の宝探し』で市民向けシティプロモーション」という広報企画が立案、実施されました。
　ここからも、広報企画を説明できるものとするための十分な「前の傾聴」、そのうえでの企画立案が大きな意義を持つことが確認できます。

【参考URL】(2023年8月4日確認)
https://www.city.aizuwakamatsu.fukushima.jp/docs/2018110800012/files/20181201_02takarasagashi.pdf

2章まとめ

☑ **取り組もうとしている広報企画の必要性を市民に説明できるか?**

▶広報企画の実現が市民の幸せにつながることを、アウトプット・アウトカム・インパクトという段階的なロジックで構築し、そのロジックを仮説的に説明するためのデータが提供できるようになろう。

☑ **認知・関心・探索・信頼・共感・行動・共有の現状が確認できているか?**

▶広報企画を立案し、その意義を明らかにするためには、メディア活用戦略モデルの各段階での現状を定量的に確認し、一つ一つの成果目標を設定しておこう。

☑ **行動を期待する広報対象者のメディア利用状況と共感するコンテンツを理解しているか?**

▶市民全体の行動を期待するとしても、まずは、そのなかの誰の行動を促そうとするかを明確に決めよう。さらに、その「誰」が、どこにある、どのようなメディアで情報を得ているのか、どんな内容に共感するのかを調べておくことが求められる。

☑ **傾聴の方法と目的は適合しているか?**

▶アンケートだけでは十分な傾聴は難しい。「こうではないか」という仮説を立てるためにはフォーカスグループインタビューを、大きな方向性をつかむためにはソーシャルリスニングの利用を検討してみよう。

Chapter 3

認知を獲得する！
ワォ・流行り・ニヤリで
広く伝える方法

まずは幅広く知ってもらう

図3-1 メディア活用戦略モデル（認知獲得）

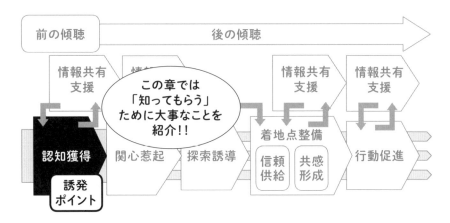

自治体の「説明責任」とターゲットの「周囲」との関係性

　この章では、伝えたいことを、細かにではなくおおまかに知ってもらうにはどうすればいいかということを説明します。知ってもらう相手は、広報対象者に限らず、もっと幅広い人々になります。

　もちろん、その幅広い人々の中には広報対象者も含まれています。しかし、知ってもらうことについては広報対象者に限る必要はありません。自治体として動いてほしい人は、広報対象者のはずなのに、なぜ、広く伝える必要があるのでしょう。

　自治体は税金で動いています。言い換えれば、広報対象者以外の多く

の幅広い人々からの支えによって事業を行っています。そのため、幅広い人々に広く伝えることが大事になります。

　図3－2に上からのブロック矢印に「説明責任」と書かれていることは、このことを示します。幅広い人々に対し、行政の「説明責任」として認知獲得を図るということになります。

図3-2 自治体の説明責任と間接伝達

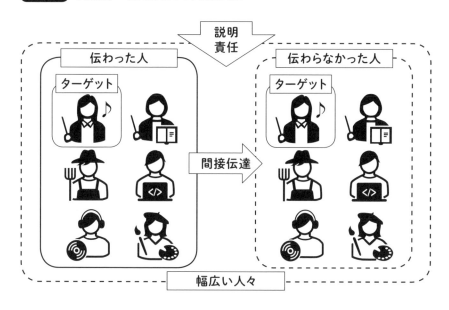

　加えて、広報対象者の周囲にいる幅広い人々に知ってもらうことで、広報対象者にも情報が届きやすくなります。

　図3－2では「伝わった人」から「伝わらなかった人」に「間接伝達」というブロック矢印が延びています。

　直接的には広報対象者に届かなかった情報も、知ってもらえた幅広い人々のなかに広報対象者に関わりのある人がいれば、「ねぇねぇ、知ってる？」と間接的に届く可能性も高まることを示しています。

メディアの力は「組み合わせ」と「誘発ポイント」を押さえる!?

自治体が持っているメディアと、自治体が獲得するメディア

　自治体が持っているメディアだけでは情報を伝えきれない「幅広い人々」に広く伝えるには、第1章で考えた、自治体が持っているメディア（オウンドメディア）と自治体の力で獲得するメディア（アーンドメディア）を組み合わせて使います。

　より大きな広がりの力を持つメディアを獲得して情報を伝えてしまおうという発想です。

　すでに述べたように、より大きな広がりの力のあるアーンドメディアにはマスメディアとクチコミ（シェアメディア）があります。

　自治体が持っているメディアで情報を伝えつつ、マスメディアとクチコミを刺激して、さらに伝わるようにすることになります。

図3-3　アーンドメディアによる認知獲得

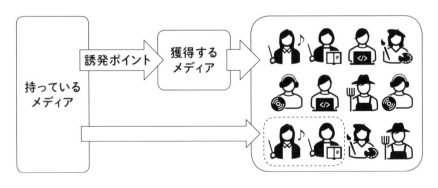

どんな組み合わせで、どんな広がりを期待する？

　例えばニュースリリースや知己のマスメディア記者への働きかけはオウンドメディアです。

　ニュースリリースや記者への情報提供に、次に述べる「刺激する力」があれば、情報はマスメディアを通じて広がります。

　また、公式Twitterもオウンドメディアです。そこに「刺激する力」があれば、情報はリツイートという形で拡散していきます。

「誘発ポイント」を考えて、伝えたいことを広げる！

　どのようにすれば獲得するメディアを刺激することができるでしょう。ここでは、その刺激する力を「誘発ポイント」と呼びます。

　誘発ポイントには3つの刺激があります。

　1つめは「ワォ」の刺激。2つめは「はやり」の刺激。3つめは「ニヤリ」の刺激です。

　マスメディア向けのニュースリリースや、クチコミの起点となる公式Twitterなど、自治体が持っているメディアで伝える情報（コンテンツ）に、後に述べる「ワォ」「はやり」「ニヤリ」が込められていれば、大きな広がりの力のあるメディアを獲得できます。

図3-4 誘発ポイント

マスメディアやクチコミを獲得する誘発ポイント			
ワォ	「初」	いちばん	競争
はやり	流行	記念日	著名人
ニヤリ	ギャップ		

3つの刺激を掛け合わせて
興味を引く

「ワォ」は何からできているのか

　伝えたいことを広げるために必要な3つのポイントを、一つ一つ確認していきます。まずは「ワォ」。**ワォは「初めて」「いちばん」「競争」の3つの力でできています。**

　「●●県で初めて！」「日本でいちばん」「□□市と△△市が××で対決」というような情報が「ワォ」を生み出します。「鯖江市で日本初のJK課を開設！」「練馬区が東京都23区でいちばん緑が多いまちであることが判明」「宇都宮市と浜松市と宮崎市、今年も餃子対決。勝者はどこだ」というような例をあげることができます。

　同じ内容だとしても、「鯖江市で青少年の地域活動を支援」というよりも、一捻りして「日本初のJK課開設」と伝えることで「ワォ」を生み出せます。

　「家計消費調査で浜松市の餃子消費量が県庁所在地及び政令指定都市で最も多かった」というニュースリリースでも「いちばん」の刺激はありますが、「浜松市が、餃子日本一だった宇都宮市に勝利！」として伝えたほうが、「競争」を見える化できて、「ワォ」の刺激は高まります。

「はやり」を作るにはアンテナを高くする

　つぎは「はやり」。「はやり」は「流行り」と書くこともできます。今、流行であること、トレンドになっていることに紐づけて情報を発信する

ことです。この「はやり」の力を使うためには、流行はどんどんと流れていくので、**常に「今、流行っているものは何か」に目を配っていくことが大事**です。例えば、昨今であれば、メタバースやAIに紐付けられないかなどが考えられるでしょう。

　また、記念日に重ねることも「はやり」になります。11月29日の「いい肉の日」に「食肉」関係の発表を行うなどは王道でしょう。

　「はやり」には著名人との連携もあります。しかし、著名人であっても、人は間違いを犯さないとは言い切れません。連携している著名人が社会的に批判される間違いを犯したとき、それまでの連携に感謝しつつ、少なくとも一定期間は連携を中止することを明確に示すことが大事です。

　そうした視点で注目されるものにVチューバーがあります。茨城県は現実の人間ではない「茨ひより」を公認Vチューバーとしています。Vチューバーは「はやり」でもあり、次の「ニヤリ」にも通じるとともに人間のように不祥事を起こしにくいことにも注目できます。

「ニヤリ」はギャップから生まれる

　3つ目は「ニヤリ」。**この「ニヤリ」は主にギャップから生まれます。**事前の想定や当然の組み合わせを裏切る内容の情報は誘発ポイントとなり、マスメディアやクチコミを獲得することができます。

　大分県が2015年に、シンクロナイズドスイミング（現在のアーティスティックスイミング）を温泉で行う「シンフロ」という動画を発表しました。この動画はマスメディアや口コミを獲得し、大分県の温泉が広く知られることになりました。

　ここでの誘発ポイントには、大分県の温泉湧出量が日本一であるという「ワォ」もありますが、それ以上に「ニヤリ」の要素が大きいでしょう。温泉とシンクロナイズドスイミングというギャップです。

　すでに紹介した事例である鯖江市JK課も、日本初という「ワォ」にとどまらず、自治体とJKという言葉が作るギャップによる「ニヤリ」が大きな刺激となったと考えられます。

「認知を獲得すれば正解」ではない

「認知獲得」に使えるメディアはプッシュメディア

　広く知ってもらいたい時に使えるメディアは、第1章で述べた「押しかけるメディア」（プッシュメディア）になります。まだ「知らない」人に「待っているメディア」（プルメディア）を用意しても、やってきてくれるはずはありません。

　まずは押しかけ、それから引き込む。プッシュメディアで「もっと知りたい」と思わせて、もう少し詳しい情報をプルメディアに用意する。そうした発想が必要です。待っているメディアである自治体の公式ウェブサイトに、いくら「ワォ」「ニヤリ」「はやり」があっても、気づいてもらえなければ、マスメディアもクチコミも刺激することはできません。

図3-5　認知獲得はプッシュメディアで

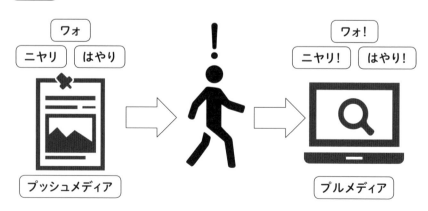

「おもしろい」と思ったら、いったん立ち止まる

　もう一つ、決してやってはならないことがあります。それは「いい気にならない」ということです。「こんなに面白い『誘発ポイント』を用意したぞ」というノリは落とし穴です。そう思ったときほど慎重になりましょう。特に気をつけるべきは「ニヤリ」です。「これは誰にとっても『ニヤリ』だろうか」と振り返ってみてください。**必要な参照軸はダイバーシティ、つまり多様性です。**

　この内容は女性にも受け入れられるのか、この表現は外国人にとって違和感がないか、このデザインは障害のある人にも楽しいと思ってもらえるのか。独りよがりの「ニヤリ」はとても危険です。過去には女性を性的な対象として見るような動画が厳しく批判されました。

　「みなさん、協力してください」といいながら、外見からは障害のない人ばかり、外国人には見えない人ばかり、黒髪の人ばかりが映っている写真が使われていては、誘発ポイント以前の問題です。

「目立つこと」がゴールじゃない

　当たり前ですが、認知獲得はゴールではありません。新聞記事になった、テレビに紹介された、リツイートがこんなに増えた。嬉しいことですが、これは広報企画にとっては最初の一歩です。

　往々にして「目立った」ことで広報企画は成功したと思ってしまうことがあります。あなたの広報企画の目的は何でしょう。**自治体にとっては目立つことが目的ではなく、地域に関わる人々の幸せを築くことです。**認知獲得の成功を基礎に、誰にどんな行動をしてもらうのか。成功したときほど慎重に次のステップに進みましょう。

京都府福知山市

本能寺の変プロジェクト 2020
～緊急事態宣言下、明智光秀と市役所からの「謀反のお知らせ」～

（全国広報コンクール2021特選・総務大臣賞）

≫≫ 誘発ポイントを連打する

　福知山市の「本能寺の変プロジェクト 2020 ～緊急事態宣言下、明智光秀と市役所からの『謀反のお知らせ』～ 」には、広報企画を作るにあたって、さまざまな学びがあります。

　中でも、福知山市が、「福知山市」という市の名前の知名度が十分ではないとの課題を克服するために、幅広い人々からの認知を得るために利用した誘発ポイントに注目します。

　まず、2020年と言えば、NHK大河ドラマで、明智光秀を主人公とする「麒麟がくる」が放送されていた年です。俳優の長谷川博己さんが演じた明智光秀は大きな話題となりました。

　その意味では、福知山市の企画は誘発ポイントの一つである「はやり」を的確につかまえた企画になっています。

　福知山市では、この「はやり」を利用して、大河ドラマ放送期間中に「福知山光秀ミュージアム」を福知山城のふもとにオープンしました。しかし、これだけであれば、よくある企画でとどまっているとも言えるでしょう。

≫≫ 「はやり」の弱さを「ワォ」で補完する

　ここで一つ興味深い点があります。確かに福知山は明智光秀が治めていた地ですが、大河ドラマでは、美濃（岐阜）、越前（福井）、京都に比べればあまり大きく扱われていませんでした。その意味では「はやり」といっても、その力はいささか弱い部分があったかもしれません。

しかし、福知山市は、明智光秀ゆかりのまちであることを積極的に発信することで、福知山市という存在を広く伝えようとしました。

その時に活用した誘発ポイントの1つめが「ワォ」です。福知山市は、50にものぼる本能寺の変の原因説から、自分が「これが正しい」と考える「推し説」の投票を受け付ける「本能寺の変 原因説50 総選挙（通称：#HNG50)」を立ち上げました。ここには、「どの説が最も得票できるのか」という競争によって「ワォ」が組み込まれています。

また、総選挙と名付け、通称をHNG50としていることは、アイドルグループのセンターを争う総選挙を連想させます。これは著名人を利用した「はやり」のバリエーションとして考えられます。

≫≫ 思い込みを利用したうえでズラす「ニヤリ」

さらに、このプロジェクトで特筆したいものは、ギャップに基づく「ニヤリ」です。どのような「ニヤリ」を用意したのでしょう。

それは、税金のお知らせなどにもよく使われ、市役所からのおたよりとしてなじみ深い、圧着ハガキを利用したものでした。

図3-6 「謀反のお知らせ」圧着はがき

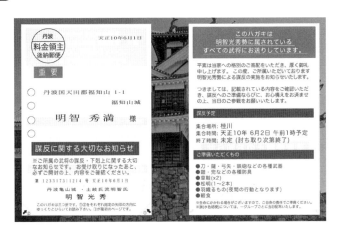

写真でわかるように、まさに市役所が市民宛に送りそうなデザインです。このデザインに「謀反のお知らせ」が記されているというギャップが誘発ポイントを生み出し、ソーシャルメディアで大きな話題となり、マスメディアにも注目されることになりました。

大河ドラマの主人公「明智光秀」という「はやり」、「推し説」の投票という「ワォ」、自治体からのお堅い連絡を想像させる圧着ハガキに「謀反のお知らせ」という「ニヤリ」。これらの誘発ポイントの連打が、獲得するメディア（アーンドメディア）を動かすことになりました。

≫ 誘発ポイントになりそうなものを探す

この圧着ハガキのアイデアは、もともとはクリエイターのスエヒロさん（@numrock）がTwitterに投稿したものです。福知山市は、その投稿にすぐ着目しました。この点は、第2章で述べた、ソーシャルヒアリングという方法を利用したものです。

そして、この章で述べた「はやりを作るにはアンテナを高くする」につながる取り組みでもあります。ソーシャルメディアで話題になっていることに注目しながら取り組むことで、適切な誘発ポイントを見つけだし、広報企画の第1段階である「広く知ってもらう」（認知獲得）の実現を可能にしました。

≫ 自ら作った誘発ポイントを利用する

福知山市は、この「謀反のお知らせ」企画に続いて、広く知ってもらうためという目的を的確に実現する広報企画を続けています。

図3-7のポスターはどうでしょうか。ポスターは、自治体が自ら作成するメディア（オウンドメディア）と考えることができます。このポスターでも、現代人の男性の頭に戦国時代の兜を載せるというギャップによる「ニヤリ」が利用されています。

しかも、福知山市自身が作りだした「本能寺の変プロジェクト2020〜緊急事態宣言下、明智光秀と市役所からの「謀反のお知らせ」〜」と

いう「はやり」を踏まえていることで、誘発ポイントを強くすることができます。

　さらに、この「福知山の変」ポスターでは「明智光秀そっくりさん」を募集するという、今までにはない「ワォ」も用意されていることにも注目できます。

図3-7 「福知山の変」ポスター（福知山市HPより）

【参考URL】（2023年8月4日確認）
https://www.city.fukuchiyama.lg.jp/site/promotion/honnojiproject.html
https://www.city.fukuchiyama.lg.jp/site/promotion/hen.html

神奈川県平塚市
「Instagramを 高校生が乗っ取った！？」

（全国広報コンクール2022入選）

≫ 先端の「はやり」を活用する

　平塚市の「Instagramを高校生が乗っ取った！？」企画は、Instagramテイクオーバーという手法を利用しています。Instagramテイクオーバーとは、あるInstagramアカウントを、本来の持ち主ではない、別の情報発信者が使って、発信することです。

　それによって、普段の情報発信者によるアカウントでは届かなかった人々に、情報を届けることが可能になります。

　平塚市の企画では、いつもは自治体が発信者となっているアカウントを、平塚学園高等学校写真部の生徒が使いました。高校生たちは、市内各所を巡り、「平塚で過ごす夏休み」をテーマに、彼らの視点で平塚市の魅力を市の公式Instagramアカウントを「乗っ取って」発信しました。

　その結果、公式Instagramアカウントについて、若い世代のフォロワー数が実施前と比べ５倍以上に増加しました。

　若い世代の行動を促すために、若い世代が多く利用しているInstagramをメディアとして用い、さらに若い世代にとって「仲間」である高校生によって発信する。このことは、第４章１〜２で述べる「関心惹起」、つまり、セグメント（区分すること）とターゲティング（区分した相手に「刺さる」メディアとコンテンツを使うこと）にも関わります。

　ここでは、「広く知ってもらう」（認知獲得）に関わる誘発ポイントという点で考えてみましょう。ここにも３つの誘発ポイントが含まれています。

　まずは「はやり」。Instagramテイクオーバーは、広く知られている

わけではありませんが、メディア活用に先進的な民間企業などが取り組んでいます。

　この先進の流れに乗ることで「はやり」の誘発ポイントを埋め込み、マスメディアやクチコミを獲得しました。

≫ 民間企業の「はやり」は役所の「ワォ」

　一方で、Instagramテイクオーバーが、民間企業では取り組まれ始めているとしても、都道府県や市町村という役所ではもの珍しい取り組みであれば、そこには「役所で初！」が作る「ワォ」があります。

　こうした、民間企業では先進的に始めていることを、役所が十分に情報収集し、役所に使えるようにして変形、追随して行うことは、多くの場合「ワォ」という刺激を作ることになります。

図3-8 平塚市Instagramテイクオーバー　ポスター

≫≫ 役所への思い込みを利用する「ニヤリ」

役所のイメージとして「前例踏襲」「保守的」「石橋をたたいても渡らない」「新しいことには手を出さない」というようなものがあります。

そうした思い込みを積極的に利用することで誘発ポイントを作ることもできます。「進取の気性を持つ民間にはできたとしても、前例踏襲の役所にはできないだろう」と思っている、そうした思いを裏切るような取り組みがあれば、そこにギャップとしての「ニヤリ」を作ることができます。

結果として、マスメディアが報道し、SNSでのクチコミが生まれ、「広く知ってもらう」（認知獲得）が可能になります。

図3-9 平塚市公式 Twitter（@hiratsukagood）での告知

⨠⨠ オウンドメディアとアーンドメディアを「セット」で考える

　この3章2で、「広く伝える」には、自治体が持っているメディア（オウンドメディア）と自治体の力で獲得するメディア（アーンドメディア）を組み合わせて使うと述べました。

　このときに、注意することがあります。例えば、平塚市で高校生によるInstagramテイクオーバー企画を行うときに、若い世代以外の市民にも「広く伝える」こと（認知獲得）を狙おうとするのであれば、さまざまなアーンドメディアを視野に入れることが必要になります。

　高校生にテイクオーバーされた平塚市公式Instagramが「はやり」「ワォ」「ニヤリ」の力で、多くのシェアを獲得できたとしても、Instagramの利用が少ない中高年の人々にまで広く伝わることは難しくなります。

　そのときに、「県内初！　自治体の公式Instagramが高校生に乗っ取られた」というプレスリリースを行えば、県内初という「ワォ」、Instagramという「はやり」、自治体と乗っ取りというギャップが作る「ニヤリ」によって、マスメディアによる情報掲載を獲得できます。

　TwitterやInstagramのシェアを狙うには、公式のアカウントによる発信が、マスメディアによる情報掲載を獲得するにはプレスリリースが求められます。

　単にSNSの公式アカウントで発信するだけではマスメディアの情報掲載の獲得に時間がかかったり、結局は実現できなかったりします。また、プレスリリースによってマスメディアの記事や放送を獲得しても、今はもう、新聞やテレビニュースを誰もが見ている時代ではありません。

　「広く伝える」（認知獲得）にあたっては、どんなオウンドメディアがどんなアーンドメディアを動かせるのかという「セット」の意識を十分に持つことが必要です。

【参考URL】（2023年8月4日確認）
https://www.city.hiratsuka.kanagawa.jp/press/page02_e00001_01359.html

3章まとめ

☑ **広く知ってもらうために
外部のメディアを活用する発想はあるか？**

▶自治休の持っているオウンドメディアだけでは幅広い認知を獲得することではできない。

☑ **自治体の持っているオウンドメディアと、
外部のアーンドメディアの組み合わせは的確か？**

▶プレスリリースで獲得できるものはマスメディア。公式のソーシャルメディアで獲得できるものはリツイートやシェア。2種類のオウンドメディアをしっかりと使い分けよう。

☑ **発信内容に「ワォ」「はやり」「ニヤリ」はあるか？**

▶伝えたい情報への注目点や組み合わせ、細部を考えることで、①「初」「いちばん」「競争」を提起できるか、②流行や記念日と結びつけられるか、③情報のなかにギャップを仕込むことができるか、工夫しよう。

☑ **自治体として「誰もが」傷つかない
コンテンツになっているか？**

▶「おもしろい！」と思った時ほど、自治体内部にとどまらず、多様な人々に聞き取りを行い、人を傷つけない、不快にさせない内容になっているかを確認する。

Chapter 4

行動してほしい人へ！
情報を届け、
気持ちを動かす方法

「気になる」を呼び起こすための「刺さる」広報術

図4-1 メディア活用戦略モデル（関心惹起）

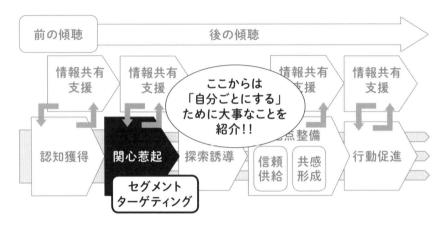

セグメントすることで「刺さる」方法が見つかる

4章1〜2では、広報対象者に、「今、伝えられていることは自分にとって関係のある問題だ」と意識させ、「より詳しいことを知りたい」と思ってもらう方法を考えます。

そのためにまず必要なことは、セグメントです。セグメントとは「区分する」という意味です。何から何を区分するのでしょうか。それは市民から行動を促す事業対象者を区分する、事業対象者から広報対象者を区分する、ということになります。

自治体にとって、行動を促したい対象が「ある一定の年収以下の未就

学児を持つ母親、父親、その他保護者」のように明確になっている場合もあれば、「地域環境に関わって何らかの行動を期待する対象としての住民」というように、幅広くなっていることもあります。移住を促したい対象が首都圏在住者とか、さらに幅広く全国のどのような人でも移住してくれるなら歓迎ということもあり得るでしょう。しかし、それらはいずれも事業対象者であって、そのまま広報対象者にはなりません。

■「住民」では関心は惹くことはできない

広報対象者以外の事業対象者を放っておくわけではありません。3章で述べたように広い認知獲得は必要です。そのうえで、広報対象者としてセグメントごとに優先順位を決めて取り組んでいくセグメント・ターゲティングの考え方が求められます。優先順位をどのようにつけるのか。それは2章の前の傾聴でマーケティングリサーチにより現状分析しています。

がん検診の受診率が低いのは、50歳代の自営業者の男性なのか、30歳代の健康に強い自信を持っている女性なのか、それらがある程度把握できていれば、事業対象者から広報対象者をセグメントすることは十分にできるはずですし、むしろ、することが望ましいと考えられます。

セグメントと言っても、重なりなく区分するという発想ではありません。環境を大事にしたい20歳代の女性と、未就学児を育てている母親が同じ人物であることは十分に考えられます。

ここでのセグメントとは、どのような基準で事業対象者を広報対象者に区分するのかということになります。認知獲得の段階では広く「住民」を広報対象者としても、ここからは「住民をセグメントした人々を広報対象者として取り組みを行うことになります。

「知っている」を得るための「伝える」にとどまらず、「自分ごとである」を得るための「刺さる」広報企画を作るには、広報対象者の的確なセグメントは必須になります。

人・場所・心を常にチェックして企画を作り込む

デモグラフィックな区分だけでは「刺さらない」

　では、どのような基準で区分することができるでしょう。ここでは、**デモグラフィック・ジオグラフィック・サイコグラフィック**の3つの区分を紹介します（図4－2参照）。デモグラフィックは**「人口学的な」**という意味、ジオグラフィックは**「地理学的な」**という意味です。サイコグラフィックは**「心理に着目した」**と考えることができます。

　従来、セグメントというと年齢や性別に注目したデモグラフィックな区分が行われてきました。「F1層」とか「M2層」という言葉を聞いたことがあるでしょうか。F1層とは20歳から34歳の女性、M2層は35歳から49歳の男性を指します。

　しかし、近年、こうしたデモグラフィックな区分だけでは、的確な関心惹起は困難になってきています。例えば、F1層では20歳から34歳の女性に共通点がなくなっているからです。

　大学生と30歳周辺のアラサー、30歳代半ば前後のミドサーと呼ばれる人が同じことに関心を持ち、同じようなメディア活用をしているとは考えられません。

　また、近頃ではZ世代という表現で1995年あたりから2010年周辺で生まれた人々を一括りにすることも行われますが、これも大学生から中学生、高校を卒業して働いている社会人を含み、性別も顧慮されていません。

　さらに、デジタルネイティブなどと一般化されてしまいがちですが、

利用しているSNSも必ずしも一様ではありません。

　もちろん、デモグラフィックな属性の一つである「未就学児を育てている男性」などのように、相当の共通性が認められることもあるので、一概にデモグラフィックなセグメントを否定する必要はありませんが、限界があることを理解する必要があります。

デモグラフィックを補完する二つの区分

　デモグラフィックを補完するものとして、どこに住んでいるのか、どこからどこに通っているのか、どこの出身なのかのように「どこ」に注目したジオグラフィックな属性に着目してセグメントすることも意義があります。

　さらに、広報対象者の区分において留意することがサイコグラフィックな属性への着目です。「何を大事にしているのか」などに着目するサイコグラフィックは、どのようなメディアに、どのような場所で接触するのか、どのような内容（コンテンツ）に共感するのかに大きく影響します。

　また、共通する「大事なこと」があれば、後に述べる共感形成にとっても意義を持ちます。

　これらの区分は、4章1でも見たように、重なりながら存在します。そうした重なりをどのように見極めてセグメントするかが、的確な自分ごと化である関心惹起につながります。

「前の傾聴」段階で
ジオグラフィック・サイコグラフィックな分析を

　セグメントするためには、「前の傾聴」であるマーケティングリサーチにおいて、すでにデモグラフィックな属性にとどまらず、ジオグラフィックな特性やサイコグラフィックな視点に注目したリサーチが必要になります。

「20歳代の女性はどのようなことに共感をし、どのようなメディア活用をしているのか」というデモグラフィックだけの雑駁な「前の傾聴」にとどまっていては、関心惹起の成果を上げるためのマーケティングリサーチにはならないことが多くあります。

　「合併前の○○町に住んでいる20歳代の女性に特徴はあるのか」というジオグラフィック、「環境を大事にしたいと考えている20歳代の女性はどのようなメディア活用をしているのか」というサイコグラフィックな問題意識をもって分析することが求められます。

図4-2 3つのセグメント

デモグラフィック	ジオグラフィック	サイコグラフィック
人口学的な	地理学的な	心理的な
年齢・性別・家族構成・職業など	住所地・勤務地・出生地など	何を大事にしているのか、趣味は何かなど
年齢や性別だけでは「刺さるメディア」や「共感する内容」を特定しにくくなっている	コンタクトポイント（メディアと出会う場所）を考えるときの一助にもなる	利用メディアや共感内容は特定しやすいが、統計的な既存データは少ない

セグメントに応じたコンタクトポイントを活用する

　セグメントし、広報対象者を定めただけでは、自分ごとにはできません。その広報対象者に「刺さる」メディア活用が求められます。

　2章の「前の傾聴」で述べた、事前に「この広報対象者には、このメディアが届く、こうしたコンテンツが共感される」というリサーチが行われていることが前提となります。

　このとき、**コンタクトポイント**という発想も大事になります。コンタクトポイントとは、**行動を促したい広報対象者が「どこで」**メディアに

出会うのかという考え方です。

　同じ内容のポスターだとしても、自治体の中心となる駅に貼ってあるのか、保育所に貼ってあるのか、スイミングスクールに貼ってあるのか、キャンプ用品を売るショップに貼ってあるのかで、メディアとしての意味は異なります。

　例えば、がん検診の受診に消極的なデモグラフィックやサイコグラフィック属性として、健康に強い自信を持ち、日常的に運動している30歳代女性が確認できたとします。

　このとき、このような女性に刺さるメディアはどのようなものが考えられるでしょう。あるいはポスターを使う場合に、どこに貼ることが的確なコンタクトポイントになるでしょう。

　一つの考え方としては、スイミングスクールの女性用更衣室、女性だけで身体を鍛えられるジムの休憩コーナー、ヨガ教室の控室。こうした発想も可能です。

　そのうえで、そのポスターにどのようなイラストや写真が望ましいかも、このような女性に刺さるか、共感してもらえるかという視点から決めていく必要があります。

　もちろん、こうした仮説は、前の傾聴で十分に把握しておくことが望まれます。

　また、すでに述べたＡＢテストなどの結果も、コンタクトポイントという発想で補完しておくことが重要です。

　メディア、コンタクトポイント、コンテンツという３つの視点から、広報対象者に「刺さる」のか、共感を得られるのかを十分に意識して関心惹起のステップを行っていくことが必要になります。

　そのうえで、前の傾聴の結果から決定したメディア活用は、あくまで仮説にとどまることも気をつけておきましょう。実際のメディア展開の結果を「後の傾聴」で常に確認し、可能なかぎり臨機応変に対応することが大事です。

　このことは６章３〜５の「後の傾聴」について考えるときに再確認したいと思います。

岐阜県美濃加茂市
新総合計画をターゲット別にPR

（全国広報コンクール 2021 岐阜県代表）

≫≫ 大人から子どもまでが一緒にまちのことを考える

　美濃加茂市は、2020年に第6次総合計画をスタートさせました。このとき、総合計画を行政のものにとどめず、地域を担う市民のものとすることを第一に考えました。特に、これからの地域を担ってほしい子どもたちに美濃加茂市のことを考えてもらうための広報企画を提起しました。

　そのためには、従来のように市民の目に触れにくい、また触れたとしてもわかりにくい冊子を発行して終わりにならない取り組みを始めることとしました。さらに、行政が目指しているまちの在り方への理解を得ることにとどまらず、これからも美濃加茂市に住み続けたい、まちづくりに参画したいという定住意欲に結びつけることも目的としました。

≫≫ 子どもを育てる保護者の総合計画への理解増進と行動促進

　こうした目的設定から、美濃加茂市はいくつかのメディア展開を行いましたが、この事例において、最も興味深いものは「もしぶた　もしも舞台（ぶたい）がみのかもだったら」という絵本です。

　絵本という形式、ほとんどがひらがなとカタカナの文章、やわらかい色合いのイラストなどからも、目的として掲げた「これからの地域を担ってほしい子どもたちに考えてもらう」ことが意識されています。

　また、読み聞かせを考慮すれば、幼い子どもたちを育てる保護者もまた広報対象者と考えることができるでしょう。

　コンタクトポイントとしては、1歳6か月健診での配布、保育所と

いう適切なものが選ばれています。

図4-3 絵本「もしぶた　もしも舞台がみのかもだったら」
（美濃加茂市第6次総合計画、2020年3月）

　内容としては、市内に実在するスポットを活かしながら「ウサギとカメ」「しらゆきひめ」「ブレーメンのおんがくたい」「ガリバーのぼうけん」「アリとキリギリス」「3びきのこぶた」の童話が書かれています。

　それぞれのお話は「健康増進」「女性若者活躍」「多文化共生」「産業振興」「地域再生」「防災減災」に関わるものです。

　子どもとその保護者というデモグラフィックなセグメントにとどまらないサイコグラフィックな属性への注目の可能性、動画や絵本での関心惹起からより詳しい情報を得られる場所への誘導の不足、必ずしも十分ではない成果指標の設定などのこれからへの期待や課題はありますが、どのような人の行動を促そうとするのかということを意識したセグメントとメディア活用として興味深い事例です。

【参考URL】（2023年8月4日確認）
https://www.city.minokamo.gifu.jp/shimin/contents.cfm?base_
id=11095&mi_id=5&g 1 _id=16&g 2 _id=74

埼玉県久喜市
「高校生がフードロスを削減します」

（全国広報コンクール2022埼玉県代表）

≫≫ メディアを拡張して考えることが解決に繋がる

　久喜市では、食品ロス防止にとって、人手不足や担い手の高齢化により、余剰食品の寄付を受け入れる側が機能していませんでした。

　寄付された食品は、生活困窮者へ届けられる仕組みとあわせて、子どもの居場所を作る「子ども食堂」へ渡されます。

　久喜市内では6つの子ども食堂がある一方で、運営日は限られ、利用者である子どもと運営を担う高齢者との世代間ギャップも存在しました。

　この課題を解決するために注目したのが高校との連携です。いわば、参加する高校生を「メディア」として捉えているとも言えます。メディアとは媒介や中間を意味するミーディアムという言葉の複数形です。

　あらためて「中間」に注目すると、高校生は子どもと高齢者の中間に位置します。子どもには遊び相手として「刺さる」メディアであり、高齢者には話を聞いてくれる孫世代として「刺さる」メディアになります。

　ここから、高校生が、子どもと高齢者の間にあるギャップを埋め、意識変容や行動変容を促すことが可能になります。

　また、高校生を、地域の人々と団体運営者をつなぐメディアとして把握することもできます。地域の人々にとっては地域に根づく高校の生徒として「刺さる」メディアであり、運営者にとっては食品ロスについて新たに関心を持つ存在として「刺さる」メディアになります。

≫≫ 連携メディアの活用

　広報企画のためのオウンドメディアの棚卸しの結果、適切なメディア

がないことは珍しくはありません。久喜市では、子どもと高齢者を適切につなぐオウンドメディアが見当たりませんでした。適切なオウンドメディアがない場合の対応方法は3つあります。

1つめはオウンドメディアの力でマスメディアやシェアメディアというアーンドメディアを獲得すること、2つめは金銭を支払うことでペイドメディアを用いること、3つめはオウンドメディアと同等に使うことのできる連携メディアを設けることです。

久喜市は自らが持っていなかった子どもと高齢者をつなぐメディアとして、高校生を連携メディアとして位置づけました。

しかし、高校生が学校の指示で、ただ子ども食堂に出かけても、何をしたらいいのかわからないでしょう。また、食品ロスの知識がなければ、地域の人々と団体運営者をつなぐことは困難です。

久喜市は、高校生を連携メディアとして鍛えるために、子ども食堂の運営者から高校生への現状説明の機会を作りました。

そのうえで、学校や運営者のコーディネートのもと高校生たちに現場を体験する機会を用意しました。高校生は現場を知ったことで意欲を高め、子どもと高齢者、地域の人々と団体運営者をつなぐメディアとして鍛えられることになりました。

この時点で、高校生たちは子どもと高齢者をつなぐ、地域の人々と団体運営者をつなぐ、自律的な連携メディアとして働くことになります。

高校生たちは地域と団体をつなぐためのポスター制作や郵便局への貼付などの取り組みを行いました。十分な意義と考えられるでしょう。

単に知っているにとどめない、自分ごととして関心を持ってもらうためには「刺さる」メディアが必要です。その「刺さる」メディアを既存のメディアにとどめず、新たに発見し、鍛えることで機能する連携メディアとして、見つけ出すことの可能性がこの事例には見ることができます。

【参考URL】（2023年8月4日確認）
https://kuki-h.spec.ed.jp/comm2/blogs/blog_entries/index/257/limit:10?frame_id=216

適切な場所に着地してもらうために忘れてはならないこと

図4-4 メディア活用戦略モデル（探索誘導）

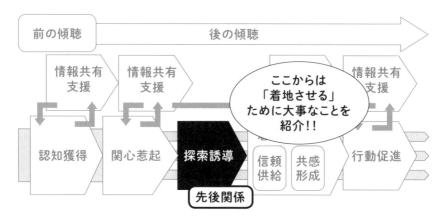

迷わないように誘い込む

　4章3～4の目的は、自治体が伝えたいことを自分ごとだと思ってくれた広報対象者を、詳しい情報のあるプルメディアに、迷わないように誘い込む方法を確認することです。

　図4-4にあるように、探索誘導という段階は、関心惹起の段階に付属して存在します。広報対象者が、関心惹起に用いたメディアに触れ、「これは自分に関係がある。もっと詳しいことを知りたい」と思ったときに、その「もっと詳しいこと」のある場所に導くのが、この探索誘導の段階になります。

「いや、関心惹起の段階で、十分に詳しい内容を記述すれば済むことではないか」と思われたでしょうか。

　しかし、自分ごとにしてもらおうとするときに詳しすぎる内容では、広報対象者は面倒に思う、見る気を起こさないことも考えられます。

　細かい文字がたくさん並べられたポスターをすべて読もうと思うでしょうか。むしろ避けてしまう可能性が大いにあります。

　そう考えれば、自分ごとにしてもらう「関心惹起」の段階では詳細すぎる情報を提供せず、興味を持てる簡潔な情報提供で、もっと詳しいことを知りたいというところで止めることにも意義があります。

　そのうえで、関心惹起に用いるメディアに、4章3〜4で述べる探索誘導の仕掛けを付属させることで、自分ごとだと考えた広報対象者にストレスなく詳しい情報のある着地点に到達してもらうことが有効です。

図4-5 探索誘導模式図

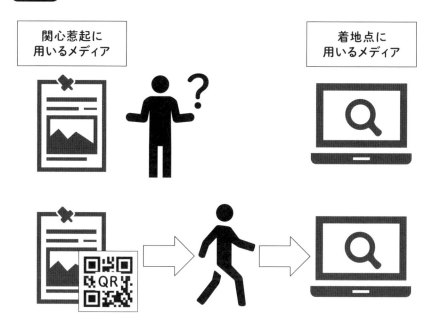

「もっと詳しく知りたい」人に向けた仕掛け

ここでもセグメントしてターゲティング

　具体的な探索誘導の仕掛けにはどのようなものがあるでしょう。QRコード、公式ウェブサイトへのリンク、ハッシュタグ検索、検索用文字列、キャッチフレーズ、事前に配布してある紙媒体のページ番号など、さまざまなものが考えられます。では「もっと詳しいことを知りたい」と思った広報対象者を、詳しい情報のある場所に、迷子にならないように導くために気をつけることは何でしょうか。

　一つは、ここでもセグメント・ターゲティングの発想が求められます。それは、探索誘導の段階が、関心惹起の段階に含まれることからも明らかです。Instagramの利用率が低い75歳以上の人にハッシュタグ検索による誘導を行うことは考えにくいでしょう。

　また、「深刻な悩みを持っている方は、ここに相談を」というポスターを関心惹起のためのメディアとして公共の場所に貼った場合、QRコードは探索誘導の仕掛けとしては十分には機能しません。ポスターのQRコードをスマートフォンで撮影することで、深刻な悩みを持っていることを多くの人に知られても構わないと思う人は少ないからです。

　この場合は覚えやすいキャッチフレーズを用意することで、ポスターから離れた場所で検索してもらえるようにする考え方のほうが有効でしょう。あるいは、関心惹起の段階で、公共の場所のポスターではなく、トイレの個室に置くポケットサイズのカードを選び、そこにQRコードを印刷してカードを持っていってもらうやり方のほうが望ましいでしょう。

どこからどこへ誘導するのか

　もう一つは先後関係です。自分ごとにさせるための関心惹起で用いるメディアＡと、詳しい情報を提供できる着地点で待ち受けるメディアＢをつなぐ段階が探索誘導です。であれば、**メディアＡとメディアＢの「相性」や適切な「先後関係」を意識することが重要になります。**

　例えば、メディアＡが紙媒体であり、メディアＢがスマートフォン向けウェブサイトであればＱＲコードが探索誘導の仕組みとして意義を持ちますが、メディアＡが「シネアド」という映画館での動画広告の場合に、スマートフォンを取り出せない状況を考慮すれば、ＱＲコードではなく、やはりキャッチフレーズを利用し、かつ、これを検索用文字列とすることが望ましいと考えられます。

　この場合、着地点が公式ウェブサイトであれば、検索の結果一覧のなかで上位にリストアップされるような、的確なSEO対策もあわせて必要になるはずです。一方で、着地点を「先月号の広報紙」のように、事前に配布された紙媒体としているのであれば、どこに書かれているかを探すストレスを低減するために、関心惹起に用いたメディアで具体的なページ番号を示すことが大事になります。

　また、紙媒体はいつまでも手元に置いておかない可能性もあります。その場合は、着地点として十分に機能させるために、その紙媒体を廃棄させない、紛れさせないような工夫も求められます。

　例えば、特産品などが賞品として当たるクイズをコラムとして用意し、その解答は後に明らかにするとしておけば、解答が得られるまで紙媒体を保管しておく動機を作ることができます。

　このように、探索誘導の段階とは、関心惹起と着地点をつなぐ段階であることから、関心惹起に使うメディアの最適化、着地点となるメディアの最適化、そのうえで先後関係を意識した探索誘導の仕掛けの最適化が必要になります。十分に意識して、行動を促したい広報対象者を迷子にならないようにすることに心がけてください。

どうしたら情報発信者を信頼してもらえるのか

図4-6 メディア活用戦略モデル（信頼供給）

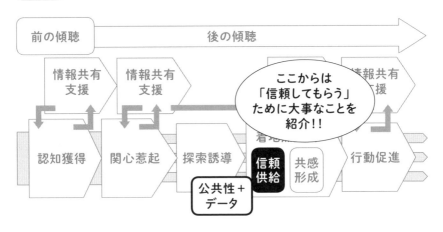

「信頼できる」と思ってもらうには

　4章5～6の目的は、行動変容を期待する広報対象者に、「行政が伝えようとしていることは信頼できる」「伝えられていることは確かな内容だ」と思ってもらうことです。

　ここまでの段階が的確に実行できていれば、広報対象者となった人々は、関心惹起の段階で「もっと知りたい」と思い、メディアに仕掛けられた探索誘導によって情報が集積している着地点に到達しているはずです。着地点はプルメディアとして用意されます。押しかけていくプッシュメディアではなく、来てくれた人には十分におもてなしするメディ

アが活躍します。

　その着地点には二つの役割が求められます。一つは「信頼供給」。もう一つは「共感形成」です。広報対象者の意識を変え、行動を促すには、この二つが十分に整備されていることが必要です。

　それでは、着地点の最初の機能である信頼供給について検討していきましょう。

　「これは自分ごとだ」という思いを持った広報対象者であっても、行動を起こすかどうか、まだ迷っている部分はあります。特に「失敗したくない」と思う広報対象者はなおさらです。

　多くの場合、若年者より高齢者はリスクをとりにくい状況にあります。また、行政が期待する行動変容は、広報対象者が「失敗したくない」と考えるものであることが少なくありません。100円ショップで商品を購入することと、他県に移住することとは「失敗したくない」と考える点において大きく異なります。

　そうしたときこそ、着地点に信頼供給の機能が十分にあることが大事です。どのような要素が信頼を供給できるでしょう。

■ 公共性が信頼をつくる

　まず、**着地点となるプルメディアにある情報から「公共性」が読み取れる**ことです。「公共」というと難しく聞こえるかもしれませんが、ここでは「広報対象者の幸福実現のために、定められたルールの下に運営され、そのルールが流動的ではなく一定程度固定されている」と捉えることで足りるでしょう。

　行政という存在は、良くも悪くもそのようなイメージを持たれています。その意味では、着地点の情報が「公共性」のある行政が提供するものであることを明確にすることで、信頼供給の最初の要素を満たすことになります。図4－7の①の状況です。

行政を信頼しない広報対象者には連携メディアで

　ただし、広報対象者によっては行政が「広報対象者の幸福実現のために」存在するものだとは認識されていないことも考えられます。図4－7の②の状況になっていると考えられます。

　「行政の発信ならどんなものでも公共性のイメージを持たれるに決まっている」と考えず、「前の傾聴」段階で広報対象者がどのように行政を認識しているかを再確認しておくことが求められるでしょう。

　広報対象者が行政単体では「公共性」を認めない場合は、広報対象者が「公共性」を持つと考える主体と連携することが求められます。

　その主体が持つプルメディアを着地点として利用することで信頼供給を行うか、その主体と連携していることをわかりやすく示したうえで行政のオウンドメディアである着地点を利用するということになります。図4－7の③のような状態になっていると考えることができます。

　例えば「以前に役所に出かけたときに、適切な対応をしてもらえなかった」と思い、「役所は信頼できない」と考えている広報対象者が存在するとします（図4－7②）。

　それも、一人や二人ではなく、残念ながら、ある属性を持つ人々の多くが役所への信頼性を失っている場合もあり得るでしょう。特定の地域活動をしている人々などが考えられます。

　その場合、そうした活動をしている人々が、あるNPOには好感情を持っていて「公共性がある」「私たちの幸福実現のために、定められたルールの下に運営され、そのルールが流動的ではなく一定程度固定している」と認識していることを確認できたのであれば、そのNPOと連携し、NPOを主体として、Webサイトなどプルメディアを用意してもらうことも考えられます（図4－7③）。

　もちろん、容易なことではありませんが、**行政を信用できない人は仕方がないと諦めるのではなく、別の主体と連携することで信頼を供給できないかを十分に考え、連携に努力する**ことが大事です。

図4-7 信頼供給模式図1

どうしたら情報内容に信頼を与えられるのか

裏打ちすることで信頼は高まる

　着地点で信頼を供給するためには、もう一つの要素があります。それは情報内容を裏打ちするデータです。

　たとえ、公共性があると考えられている行政からの情報であっても、裏打ちするデータがなければ、広報対象者が、期待される意識の変化や行動を実行するに足るだけの信頼を得ることは難しくなります。

　とりわけ、広報対象者が「失敗したくない」と思っているときは、その点はとても重要です。

　このときには**データの見せ方に十分に配慮する**ことが求められます。どう提示すれば、わかりやすいのか。どのような表現を用いることで、理解しやすくなるのかに注意しましょう。

　例えばインフォグラフィックスというものがあります。インフォグラフィックスとは、インフォメーションとグラフィックスによる造語です。さまざまな情報やデータを、絵にしたり、図形化したりすることを意味します。最近では動画にするという方法もあります。

　例えば地下鉄の路線図は、実際の地図とは距離も位置もずいぶん違いますが、乗り換えなどの接続関係を示すためには十分な内容になっています。実際の地図を見ても十分には理解できない、地下鉄駅を結ぶ路線のデータを的確に理解できるようにしています。

　このように、**イラストや図形などを使い、ビジュアル化**することで、信頼に足るデータをわかりやすく伝えることが可能になります。

また、一つのウェブサイトや紙媒体でバラバラな印象を与えることなく、一貫した受け取られ方をするようなデザインも重要です。

「わかりやすさ」は広報対象者によって異なる

　また、誰にとってわかりやすいのかを常に意識することも必要になります。ここでは、行動変容を期待する人としてセグメントした広報対象者にとってのわかりやすさが求められるのであって、市民一般にわかりやすいかどうかはその次の考慮事項になります。

　そう考えれば、信頼供給のプルメディアにスマートフォン向けサイトが適切なのか、PC向けサイトを第一義に考えるのか、あえて紙媒体で情報を提供するのかなどの判断もできるはずです。

　ここでのデータとは必ずしも定量的な数字にはとどまりません。関連する公文書もデータですし、今までの経緯もデータです。市町村長や都道府県知事の「言葉」も大事なデータです。しかし、そうしたデータを生のまま置いたところで、信頼にはつながりません。

　そのデータをどう読むのか、どういう意味を持つのかという「水先案内」を行いつつ、データのある場所に導くことが、広報対象者の信頼につながります。

　特に何らかの不安を持っている人に、どうしたら安心してもらえるだろうか、信頼してもらえるだろうかということについて「前の傾聴」で十分なヒアリングを行っておくことが必要になります。

図4-8 信頼供給模式図2

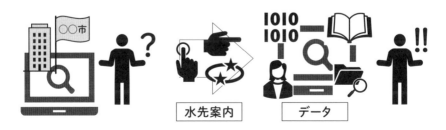

水先案内　　データ

福岡県福岡市
Fukuoka Facts
データでわかるイイトコ福岡

≫≫ 徹底的にデータで説明する

「Fukuoka Facts データでわかるイイトコ福岡」は、福岡市市長室広報戦略室広報戦略課が提供している、福岡市に関わるさまざまな定量的な情報を掲載しているウェブサイトです。

定量的情報は「福岡がNO.1」「ライフスタイル」「食文化」「経済・産業」「観光・歴史」「世界の中の福岡」のタグに区分されています。

例えば、「福岡がNO.1」にある、「４年連続 開業率日本一！あなたのチャレンジ応援します！- 開業率 -」（2022年10月７日最終更新）をクリックすれば、2021年度における福岡市の開業率は6.3％であり、４年連続で21大都市のなかで最も高い数値であることがわかります。

また、そうしたデータは単なる文字の羅列ではなく、グラフはもちろん、わかりやすく、統一感のあるイラストとアニメーションで表現されています。

あわせて親しみやすいキャラクターが、これもトーン＆マナーを揃えて配置され、思わず読んでしまいたくなる外観になっています。

ウェブページ下部には関連記事が置かれています。「仕事も旅行もアクセス充実！－国内外との交通ネットワーク－」「福岡市はこれからも可能性がいっぱい－国内100都市を対象にした成長可能性都市ランキング－」など、関連情報のあるデータへのサイト内リンクが充実し、読み進めていくことを促します。

そして、信頼供給という意味で注目できる点に、関連する統計データのダウンロードを可能にしたリンクがあります。

イメージや都合のいい情報提供にとどめず、客観的なデータがエクセルファイルなどで提供されています。

　また、別ウインドウで関連する自治体・国などのWebサイトのリンク一覧を提供しているページもあります。

　「福岡市の伝えていることだけではどうかな？」と信頼性に不安を感じたとしても、こうしたリンクをクリックすれば、データの根拠となる外部調査機関の該当ページが開くなど、信頼供給に遺漏のないように努められています。

図4-9　Fukuoka Facts データでわかるイイトコ福岡のWebサイト

≫ 目的に応じた編集

　「Fukuoka Facts データでわかるイイトコ福岡」において興味深いものに「特集ページ」があります。

　すでに述べたように、「Fukuoka Facts データでわかるイイトコ福岡」は個別のデータを見ても、次々に他のデータを見たくなるような仕組みになっています。

　それに加えて「特集」では、行政として「見せたい」「行動につなげたい」と考える内容についての特集が用意されています。

　その一つに、2023年3月10日に更新された「起業・創業したい人　福岡に集まれ　スタートアップのススメ」があります。

　この特集では、先に紹介した福岡市は開業率"4年連続"日本一のデータに加え、九州経済調査協会の調べによる「新たに仕事をしたいと思う人のうち起業を希望する人の割合」において政令市のなかで最も高い10.2%であることが示されています。

　さらに、総務省「経済センサス基礎調査」「経済センサス活動調査」に依拠して「クリエイティブ関連産業事業所の全事業所に占める割合」の伸び率が政令市で最も高いことが挙げられます（2014年〜2016年）。

　福岡市における起業に係る相談件数や起業数のデータ、スタートアップ支援施設であるFukuoka Growth Nextの578社に上る入居企業数、ビジネスマッチング件数115,104回、資金調達額357億円という数値も示されています。

　その他、都心から空港へのアクセス時間の優位性、通勤・通学時間の短さを提示し、ダメ押しのように大東建託株式会社による「いい部屋ネット住みたい街ランキング2022」において、福岡市が3年連続住みたい街No.1になったことを掲載します。

　これら一つ一つのデータは、「Fukuoka Facts データでわかるイイトコ福岡」を探せば見つかります。

　しかし、それでは行動変容につなげるプルメディアとしては十分な機能を果たすことはできないでしょう。

着地点における信頼供給とは、単に信頼できるデータを示すということにはとどまりません。広報対象者の行動変容を目的とするメディア活用戦略モデルの中に位置づけられている着地点整備であり、信頼供給であることを忘れてはいけません。

図4-10 特集ページ　「起業・創業したい人　福岡に集まれ　スタートアップのススメ」より

【参考URL】
http://facts.city.fukuoka.lg.jp/

信頼だけでは広報対象者は動かない

図4-11 メディア活用戦略モデル（共感形成）

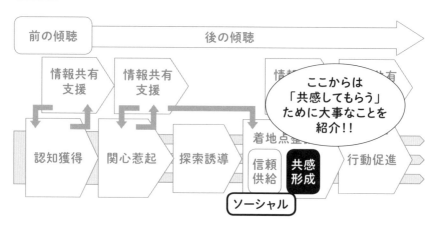

共感がなければ動かない

　広報対象者を行動変容につなげるための着地点（プルメディア）には、信頼供給とあわせて、欠かせない機能があります。それは共感形成です。**広報対象者は、期待される行動がたとえ一般的に正しいことだと頭ではわかっても、心から共感できなければ動き始めることはありません。**

　共感を生むためには、「何か感動する話がないかな」と漠然と考えるのではなく、仕掛けとして設定していくことが必要になります。「ソーシャル」という仕掛けです。

共感はソーシャルで作り出す

　ソーシャルという言葉には二つの意味があります。一つは「社会」、そしてもう一つは「社交」です。

　社会も社交も「みんな」という言葉に関わりがあります。しかし、社会と社交では「みんな」の大きさと距離が異なります。社会の「みんな」は広く遠いものですが、社交の「みんな」は狭く近いという違いがあります。

　例えば、「子どもの貧困」は多くの場合、「広く遠い」社会的問題です。一方で「ママ友との関係」は多くの場合、「狭く近い」社交的内容です。

　この社会と社交というソーシャルを使って共感を形作るには、**「広いけれど遠い」社会を「広くて近い」ものに、「狭いけれど近い」を「広くて近い」ものにすることが必要になります。**

　「遠い社会」を「近く」するためには、その「社会」と広報対象者との共通する関係性を明らかに指し示すことが意義を持ちます。一般的な社会というものは存在せず、その「社会」は、あなたと関わる「近い」ものなのだと伝えることで、共感が生まれます。

　子どもが貧困の中で見せた一瞬の笑顔の映像は、広報対象者に自分が育てる子どもや自分の子ども時代を、たちどころに想起させます。

　遠かったはずの一般的社会の子どもの貧困を自らに関わる「広くて近い」ものにするコンテンツが、共感を形成します。

　「狭い社交」を「広く」するには、その「社交」が、より多様な問題にも関わるという気づきを促すことが必要となります。

　近接した地域の未就学児の母親という共通性と限られた母親同士の交流である「ママ友」という共通性を基礎にしつつ「地域で暮らす」という幅広い視点で考えてもらうことで、「この地域で子どもを育てることにはどんな魅力があるのだろう」というような「広くて近い」関心から共感を実現できます。

　言い換えれば、共感にも「社会発の共感」と「社交発の共感」があるということになります。それぞれをどのように提供することで、行動変

容に結び付く共感として昇華できるか、どのようなコンテンツを用意することで可能になるかを考えることが必要でしょう。

　このときに有効なコンテンツとして「物語」「ストーリー」があります。
遠い社会を近くする、狭い社交を広くするために、行動変容を期待する広報対象者に「他ならぬ『あなた』に関わる、『あなた』が登場人物になる物語」があると示すことで、共感が形成されます。

図4-12 社会と社交に注目した共感形成

共感形成の基本	区分	特性	行動変容につなげる方法	変化	区分
ソーシャル	社会	広くて遠い	あなたに関わる物語の提示＝想像力喚起 →	広くて近い	社会発の共感形成
	社交	近くて狭い			社交発の共感形成

　先ほど例えとして紹介した「子どもが貧困の中で見せた一瞬の笑顔の映像」も物語です。物語とはコンテンツの量によって成否が決まるものではありません。最も求められるものは、広報対象者の想像力がいきいきと動きだすものになっているかどうかです。

　無味乾燥になりがちな行政の言葉ではない、いきいきとした市民の言葉によって共感を作りだすことができます。

「小美玉日和」が作るストーリー

　茨城県小美玉市では、「小美玉日和」という動画を作成し、YouTubeにあげています。

　動画のキャプションには「小美玉市で暮らす４組の夫婦。たくさんの笑顔にあふれ、いきいきと仕事や生活をしています。結婚してふたりになってプラスになったことは？　これからどんなふたりでいたい？　小

美玉市での暮らし方をご覧ください」と書かれています。

　そこには、小美玉市を舞台にした物語が紡がれています。この小美玉市への移住を促す共感形成の取り組みは、地域広報として、高い評価を得る動画だと考えます。

図4-13　「小美玉日和－Rakuno－」YouTubeより

　自治体が作成する動画について、認知獲得の事例としては大分県の「シンフロ」を紹介しました。ギャップによる「ニヤリ」に溢れた動画であり、アーンドメディアの獲得に成功しました。

　一方、「小美玉日和」は、自治体が制作する動画という共通点はありますが、「シンフロ」とはまったく違う動画です。

　単に「動画を作る」という発想ではなく、どのステップで使う動画なのか、各ステップで期待される目的を実現できる動画なのかを考えることが必要です。

　ぜひ、そうした視点で、広報対象者の共感を形成できるコンテンツを、着地点となるプルメディアに掲載するように努めてください。

札幌市社会福祉協議会
札幌初！ カレーパン・プロジェクト

（全国広報コンクール 2021 入選）

≫ 地域連携による共感形成

　札幌市社会福祉協議会は、障がい（この事例紹介では、札幌市社会福祉協議会での表記にならって「障がい」と表記します）を持つ人々のパンづくり技術の向上と収入増を実現するために、新たなカレーパン「パオベジ」を企画製作し、多くの購買を獲得することを目指しました。

　企画製作にあたっては、地域の障がい者就労施設「ていね・さくら館」、老舗カレー店「インドカレーミルチ」及びNPO法人「さっされん」のほか、デザイナーであるカガヤ・トシユキ氏との連携が大きな要素となっています。

　この事例で期待する行動変容には、いくつかの主体、いくつかの行動がありますが、ここではカレーやインド料理に興味のある市民や、障がいのある方への支援に関心のある市民を第一次的な広報対象として、カレーパン「パオベジ」の購買及び情報拡散を期待する行動と考えます。

　札幌市社会福祉協議会は、この行動変容に向けて、的確な認知獲得、関心惹起、探索誘導を行っていますが、特に着地点での共感形成に焦点を当てて見ていきましょう。

　ここには、二つのソーシャルが用意されています。一つは「社会」。これは障がい者支援という社会的なチャレンジです。もう一つは「社交」。お客さんとインドカレーミルチとの関係性です。

　共感は広くて遠い「社会」というソーシャルを、着地点である「あなた」の物語によって身近なものにする「社会発の共感形成」と、狭くて近い「社交」というソーシャルを、これも着地点である「あなた」の物

語によって問題関心を深化させる「社交発の共感形成」によって実現されます。

図4-14 「まもりん」(札幌市社会福祉協議会キャラクター)のTwitterから

 まもりん（札幌市社会福祉協議会） ···
@mamorin93

「インドカレーミルチ」と「ていねさくら館」のコラボのカレーパン「パオベジ」が大通駅内元気ショップで販売中まも！！
初日の今日は1時間で売り切れる大人気だったまも〜
お肉を使わない・揚げない新感覚カレーパン「パオベジ」！
みんなも食べてみてまも♪

社会的共感を社交から導く

まず、「社交発の共感形成」から考えていきましょう。障がいを持つ人々を支援することが大事であるという問題意識を持っている人は少なくないでしょう。

しかし、その社会的課題が身近なものにならなければ、期待する行動を促すことはできません。

そこでカレーパンという「近い」日常を組み込みます。そのカレーパンには障がいを持つ方が、道産小麦100％の生地を使い、地域の連携のもと製作したという物語が付与されています。

　近所で売っている美味しいカレーパンを買い、食べることが「広くて遠かった」はずの社会的な課題解決につながる。そうした思いが購買に向けて背中を押すことは十分に考えられるでしょう。ここに「社会発の共感形成」があります。

≫≫ 社交的共感を社会に開く

　次の「社交発の共感形成」はどうでしょうか。この事例にはいくつかの社交がありますが、インドカレーミルチの常連を含むお客さんという存在に注目します。

　ミルチの料理人であるイムランさんが店の調理場でカレー作りを実演します。この時点ではミルチのカレーを好きな人々には社交の場しか提供されていません。

　しかし、イムランさんは障がい者就労施設「ていね・さくら館」の職員と味見しながら塩加減やカレーの固さを調整してカレーパンに入れる餡を作っていました。

　ここで「狭くて近かった」社交に、障がい者支援という要素が入ります。さらに、ミルチでの実演の後20日ほど過ぎた頃、カレーパンは、ていね・さくら館で、障がいを持つ利用者により試作され、いよいよ、10月にはミルチで試食会が開かれました。

　ここには関係者を含め、述べ60人が参加しました。「狭くて近かった」社交としてのインドカレーミルチのお客さんたちにとって「広い」課題である障がい者支援という「社交発の共感形成」が実現していきます。

　カレーパン「パオベジ」は、11月の「ふくし用具機器展inさっぽろ」でのテスト販売において、250個以上が売れ、完売しました。

　さらに、NPO法人「さっされん」が運営する、障がいを持つ人たちの自立支援を目的に授産品などを販売する「元気ショップ」でも取り扱

われることになりました。

　札幌市社会福祉協議会は、こうした取り組みをコーディネートしました。また、その都度のコーディネートにとどまらず、大きな方向性や目標の提示、戦略の進捗を管理しました。

　組織間の調整をはかるだけではなく、明確な目的を設定し、誰が何を行うことが適切なのか、どのような物語を用意することで共感の拡大・深化が可能になるかを十分に理解した取り組みが行われていたと評価することができるでしょう。

　そのうえ、札幌市社会福祉協議会は、メディア活用戦略モデルにおける認知獲得のためにマスメディアへの情報提供も欠かしませんでした。

　認知獲得には「ワォ」、「はやり」、「ニヤリ」という誘発ポイントが必要です。

　肉を使うことが当然、むしろ価値だと思われているカレーパンに、肉が使われていないというギャップ（ニヤリ）を仕込み、最近のビーガン、ベジタリアンへの注目というトレンド（はやり）を組み込みつつ行われたプレスリリースは、マスメディアからの発信を獲得することにつながりました。

　この事例からは、メディア活用戦略モデルは認知獲得から行動促進に向けて直線的に行われるだけではなく、促進できた行動から再び認知を獲得し、広報企画を分厚くして実現させ、並行的かつ円環的な取り組みにもなることが理解できます。

【参考URL】（2023年8月4日確認）
http://www.sapporo-shakyo.or.jp/files/koho/pdf/94_12081764.pdf

4章まとめ

☑ **セグメントした広報対象者に「刺さる」メディアは用意できているか?**

▶前の傾聴を的確に行い、広報対象者が利用するメディア、広報対象者がメディアに接触しやすいコンタクトポイント、広報対象者が共感しやすいコンテンツを把握しておこう。

☑ **広報対象者の関心を引いたあとで、詳しい情報のある着地点に導く準備はできているか?**

▶興味を持ってくれた広報対象者が、自ら詳しい情報を探してくれるのを待っているだけではもったいない。こちらからうまく誘導しよう。

☑ **誘導した先の着地点にある情報は広報対象者の信頼を得られる内容になっているか?**

▶広報対象者の信頼を得るには、データによる裏付けや、広報対象者にとって信頼できる外部の主体との連携といった方法がある。

☑ **誘導した先の着地点にある情報は広報対象者の共感を得られる内容になっているか?**

▶広報対象者に行動を促すには、共感を得ることが必須となる。そのために、広報対象者が「自分事」と感じられるような物語を仕込もう。

Chapter 5

本気で
行動してもらうために！
7つの秘訣「STEPPS+V」

行動を促すために
各段階に仕込む仕掛け

図5-1 メディア活用戦略モデル（行動促進）

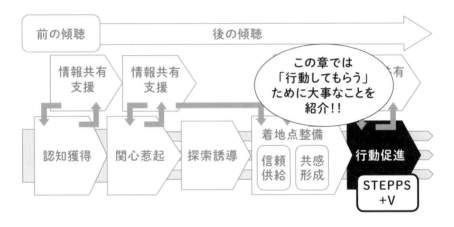

メディア活用戦略モデルの各ステップで使える秘訣

　この章で紹介する「行動促進」は、広報対象者に行動を促す最後の一押しに利用できる秘訣ですが、実は、すでにここまでの段階でも折に触れ提示してきたことでもあります。

　広報対象者に行動してもらうための発想に**「ナッジ」**があります。ナッジとは「ひじで軽くつついて合図を送る」ように、小さなきっかけを与えることで、期待する選択を促すものです。

　ナッジについて十分に学ぶことはとても意義があります。専門書もいくつか出ています。しかし、その多くが事例紹介にとどまっていたり、

学問的もしくは抽象的すぎたりする場合があります。

STEPPSにVを加えて

　そこで、ここでは、ナッジよりわかりやすい、アメリカのマーケティング学者であるジョーナ・バーガーが提示している「STEPPS」に加え、V ヴァルネラビリティ（Vulnerability）という考え方を加えた **「STEPPS+V」** を紹介したいと思います。STEPPSは、Social Currency、Triggers、Emotion、Public、Practical Value、Storiesの頭文字をとった造語です。

　ソーシャルカレンシー（Social Currency）は、社会的・社交的価値を意味します。ソーシャルが社会と社交の２つの意味を持つことは、４章７の共感形成でも紹介しました。

　トリガーズ（Triggers）は、引き金です。ｓが付いて複数形になっているのは、引き金をいくつも作るということです。どのように引き金を設定できるかを考えることが必要です。

　エモーション（Emotion）は、高揚感。身近な言葉を使えば「盛り上がっている」「盛り上がれる」状況を用意するということになります。

　パブリック（Public）は、「みんな」の可視化です。ここで「みんな」にカギカッコがあることには意味があります。全員という意味での一般的な「みんな」ではなく、「『みんな』らしく見える」ということです。詳しくは後ほど説明しましょう。

　プラクティカルバリュー（Practical Value）は、実用的・金銭的価値です。モノやカネ、サービスがもらえるという意味です。

　ストーリーズ（Stories）は物語、特に「広報対象者が登場人物になれる物語」です。これについては、４章７の共感形成で少し説明しました。

　ここまではジョーナ・バーガーが述べている内容ですが、この本ではもう一つ、ヴァルネラビリティという考え方を付け加えます。

　ヴァルネラビリティをそのまま訳せば、脆弱性や傷つきやすさ、攻撃誘発性ということになります。これではちょっとわかりにくいので、「突っ込まれ力」と考えます。

ソーシャルカレンシー =社会的・社交的価値を与える

社会的・社交的にやりとりされる価値

ソーシャルカレンシー。ソーシャルという言葉が社会と社交の2つを意味していることはすでに述べました。

カレンシーとは「通貨」、つまり流通するお金ということですが、マネーという直接的な言葉より、「やりとりされる価値」として把握すると、ソーシャルカレンシーという言葉がわかりやすくなります。

日本語に訳するなら「社会的・社交的価値」となるソーシャルカレンシーのうち、社会的価値は、とても簡単に言えば「いいことをして、いい気持ちになる」こと、社交的価値は「いいことをして、褒められる」ことと言い換えることもできます。

その「いいこと」は広報対象者によってそれぞれです。地域の環境を大事にしたい人にとっては、ごみを拾うことで美しくなったまちを見ることは「いいことをして、いい気持ちになる」と考えられるでしょう。

ここで重要なことは、単にごみを拾うことにとどまらず、「美しくなったまちを見る」という要素です。**自らが行った結果が「見える」状況を用意することが行動促進につながります。**

そのうえで、**直接的に「褒められる」機会を設定することも有効です。**自分が大事だと思っていることがほんのちょっとだけでも実現できた状況が見える化されること、さらに褒められることがソーシャルカレンシーである社会的価値・社交的価値を生み出し、その価値がインセンティブとなって、人は行動することになります。

仲間になれることが背中を押す

　ソーシャルカレンシーにはもう一つの要素があります。より社交の側面の強い要素です。「それをすることで、仲間になれる」と思わせることで行動促進につなげていきます。

　言い換えれば、**仲間である、内輪であるという気分を作る**ということになります。誰もが入れるわけではないコミュニティがあり、行政が期待する行動を広報対象者が行うことで、そのコミュニティに参加できるということがインセンティブになります。

　コミュニティが「秘密結社」である必要はありません。緩やかな集まりやオンラインでのグループでも十分です。もともとのメンバーから「ああ、あの時の」と目をかけてもらえる状況を用意できれば、「あの時」の行動を促すことになります。

　わかりやすい事例として、クラウドファンディングをあげることができます。オンライン上で寄付を求めるクラウドファンディングにおいて、「貧困で勉強ができない宮城の児童に学習支援を開始！」という呼びかけがありました。

　こうしたファンディングに対し、寄付を行うことは「いいことをした」という気持ちを醸成することになります。寄付者の一覧に自分の名前を見つけることもできます。これは社会的価値です。

　しかも、そうした寄付に対し、主催者から「ありがとうございます」というお礼の挨拶を受けることができます。これは社交的価値です。

　さらに、継続的に主催者から、学習支援の現状を伝えてもらうこともできます。寄付をした「仲間」に限定された連絡です。これが、仲間である、内輪であるという気分の醸成です。

　行動促進を行う最初の秘訣——あなたが取り組もうとしている施策やイベントには、参加者がいい気分になる・褒められる・仲間になった気分になれるソーシャルカレンシーが的確に込められているでしょうか。

　正しいことだから行うことが当たり前ではありません。人は理性だけでなく、気分や感情によって動く存在です。

トリガーズ=引き金を設定する

きっかけを用意する

トリガーズは、思い出す、行動に繋がるきっかけを、広報対象者の周辺に多数用意するということです。

トリガーではなくトリガー「ズ」。つまり、一つしかない引き金やきっかけにはとどめず、複数の多くの引き金を用意することになります。

トリガーズを十分に機能させるためには、2つの取り組みが必要になります。まず、行動と引き金になるきっかけを結び付けるという取り組み、次に結び付けたきっかけを多数設置するということです。

民間企業の事例ですが、株式会社マイナビが提供している転職エージェントサービスの広告が、まさにトリガーズを意識したものになっています。そこでは、タレントが耳に手を当て「じっくり聴く転職エージェント」というキャプション及びマイナビのロゴがあったうえで、耳の写真と「耳を見たら、思い出してください。」との言葉があります。

誰かの「耳を見る」という日常的な、むしろ無意識な行動を自社の期待する、自社ブランドの想起という行動に結び付けるポスターです。

ここでは、まずポスターやインターネットCMなどで「耳を見たら思い出してください。」という仕込みを行っています。

本来であれば、そのうえで「耳を見る」ことのできる状況を用意することが必要になります。しかし、この民間企業の事例で用意されたトリガーズは耳であることが秀逸です。企業側がトリガーズをあらためて設置する必要もありません。このポスターを目に止めたうえで、その後に

電車で前に立つ人の耳を見れば、「転職」や「マイナビ」という言葉が想起されることになります。

あなたのまちにあるトリガーズを探そう

　このトリガーズは行政でももちろん活用できます。例えば、静岡県の富士山周辺の自治体であれば「宝永山というコブのある富士山を見たら、がん検診のことを思い出そう」というトリガーズを設定することはできそうです。

　みなさんの自治体にも、特有のトリガーズはないでしょうか。沖縄県のシーサー、佐賀市のまちかど恵比須さん、東京都のスカイツリー。さまざまなものを思い出すことができるでしょう。

　「うちのまちには、これ、なんだか多いな」「ここからは、いつも○○が見えるな」と思ったら、それがトリガーズになります。

　そうした気づきを、そのまま放っておくのではなく、まず「耳を見たら、思い出してください。」にあたる仕込みを行う。それによって「気になる状況」を用意する。そのうえで具体的な行動を働きかける。

　一見遠回りに思えるかもしれませんが、こうしたハードルを下げておく仕込みが、メディア活用戦略モデルの各ステップで、広報対象者の背中を押すことになります。

エモーション＝高揚感を作りだす

競争に負けたくないという高揚感が人を動かす

　エモーションについては「盛り上がっている」「盛り上がれる」状況を用意することだと説明しました。では、どのような状況を設定すると「盛り上がっている」「盛り上がれる」のでしょうか。

　もっともわかりやすいものは競争です。誰かと競う、何かと競うという取り組みを用意することで「負けたくない」という気持ちが高まり、エモーションが生まれることになります。

　わかりやすい事例では、餃子があります。餃子で有名なまちと言えば栃木県宇都宮市です。それに対し、静岡県浜松市では総務省家計調査によれば、宇都宮市よりも餃子をよく食べているとされていて、競争関係を作りだします。それによってエモーションな状況が生まれ、市民にとっても、来街者にとっても日常に過ぎなかった「餃子を食べる」という行為に意味付けが行われます。

　このことは競争相手となった宇都宮市についても同様です。もともと餃子については著名であったとはいえ、この競争の設定によりあらためて宇都宮市にとっての餃子の意味が確認できたと考えられます。

　このように競争は「勝ち負け」のために行うのではなく、エモーションな状況を作るために行うという事前理解を十分に行っていくことが必要です。そうでないと無意味な衝突になってしまいます。

　競争については市民参加のコンクールやコンテストなどもエモーションにつながります。その際にも優勝できなかった参加者に対し、どれだ

け丁寧に誠実に対応できるかが、大事な要素となります。

そのイベントにワクワクはあるか

　自治体がイベントを主催し、行うことは少なくないでしょう。しかし、イベントを行うこと自体が目的になってはいないでしょうか。

　イベント業者にとってはイベントを行うこと自体が目的ですが、自治体にとっては、イベントはツール、あるいは参加した広報対象者の意識を変え、行動を促すメディアです。

　その時に、このエモーションという発想が求められます。ワクワクする状況を作り、気持ちを高めたところで、行動を促すことが必要です。

　例えば、厳しい状況にあるひとり親家庭の支援のために、単にチャリティバザーを行うのではなく、そこにオークションを組み込んだらどうでしょうか。いくつかの目玉商品を用意し、設定した金額から値段を上げていく競り上げや、逆に価格を下げて最初に手を上げた参加者に販売する競り下げなどが組み込まれていれば、エモーションは高まるでしょう。

　講演会のようなイベントも、例えば講師が「がん検診は大事です」と話すだけで終わるのではエモーションは起こりにくいでしょう。

　ちょっとしたグループワークを組み込み、そのときに名前のワッペンを用意し、自分の似顔絵と大事にしていることを書き込んでもらうというような仕掛けがあれば、その大事なことを守るためにもがん検診が意義を持つというエモーションにつながると考えられます。

　行動促進のための取り組みにエモーションを仕込み、気持ちを高揚させることで、ハードルに見えていたものを、広報対象者がいつのまにか飛び越えてしまうという状況を作り出せるか、折に触れて考えてみましょう。

5 パブリック＝「みんな」を可視化する

みんなではない「みんな」が背中を押す

パブリックは「みんな」の可視化と記しました。みんなにカギカッコが付けられていることが意味を持つとも述べています。

このカギカッコ付きの「みんな」の典型的な例があります。小学校5年生の男の子が言う「ゲーム買ってよ。『みんな』持っているから」という言葉にある「みんな」です。男の子にとっては友人5人が「みんな」に見えているのです。

図5-2 STEPPSにおけるパブリック（みんな）の意味

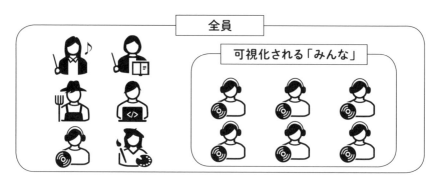

少なくない人が、自らが初めて行うことには抵抗があります。しかし、すでに誰かが行っている、**特に、多様な面で「自分と同じような人」だと考える人がすでに行っていることであれば、安心して、あるいは乗り**

遅れることに不安を抱いて、行動することになります。

　ここで「自分と同じような人」という点が鍵になります。自分とまったく異なると考えている人が行っている行動は「他人ごと」であり、行動促進にはつながりません。

■「みんな」が見えなくては動かない

　そのために「あなたと同じような人はすでに行っていますよ」と可視化することが必要になります。実際には「同じような人が行動している」としても、それを知らなければ意味がないので、可視化することが意義を持つわけです。

　ここでの「同じような人」とは広報対象者のセグメントを意味します。どのようなセグメントをしたのか、デモグラフィック、ジオグラフィック、サイコグラフィックを再確認して、「みんな」を設定しましょう。

　具体的な事例として、ここでもクラウドファンディングをあげてみましょう。まだ誰も寄付していない取り組みに、自分がはじめて寄付をすることには抵抗があるかもしれません。

　そこで、「あなた【のような人】に寄付してほしいと思っています」、「すでにあなたと同じような人が寄付していますよ」と伝えるもしくは可視化することで、寄付のハードルを下げることになります。

　実際に、クラウドファンディングの仕組みの多くで寄付者の一覧が氏名やニックネームで記され、しかも、そうした人たちがどのような思いで寄付をしたのかが書かれています。

　認知獲得から共感形成までを経て、寄付を考えるようになった人が、ここに書かれた思いに共通するものを感じれば、寄付へのハードルは大きく下がることになるでしょう。

　このように、行動促進の場であるメディアでは、セグメントされた【のような人】をしっかりと示すことが大事です。「私のことだ」と思ってもらえるような言葉が必要となります。

プラクティカルバリュー =実用的・金銭的価値を用意する

クーポンで行動を促す

　プラクティカルバリューは実用的・金銭的価値を意味します。「モノやカネ、サービスをあげるから動いてよ」というわかりやすい話です。クーポン提供などは典型的な事例です。

図5-3 マイナポイント（総務省HPより）

　最近では、マイナンバーカードを作成した人に、政府が金銭的価値のあるマイナポイントを付与しました。

　このプラクティカルバリューは、強い行動促進力があるため、活用に注意が必要です。セグメントを超えて、多くの人に提供するとなれば大きな予算が必要です。一方で、少しでも不公平があれば、大きな批判に

さらされます。

　その点では、プラクティカルバリューは、諸刃の剣であり、最後の切り札でもあります。活用には十分な検討が必要です。

■ プラクティカルバリューを連携のきっかけに

　そのうえで、このプラクティカルバリューの活用により、広報企画における、行政以外の人々との連携の契機にすることができます。クーポンを発行してもらうことをきっかけに、地域の商店街との連携を可能にするなどはわかりやすい事例だと考えます。

　こうした取り組みにより**広報企画を実施する際の味方を作り、さらには行政と連携できる人々を増やしていく**ことは有効です。

　行政から、ただ「クーポンを出してください」ではなく、重要なコミュニケーションの機会であると捉え、商店の様子や思いなどを聞き取り、結果としてクーポンは難しくても、なにか応援してもらえる、気にしてもらえるというチャンスとして位置づけることもできるでしょう。

　また、実用的・金銭的価値というと「物欲しげ」に見えるかもしれませんが、参加のハードルを下げるための工夫と考えることも大事です。

　例えばイベント参加という行動促進を図るために、託児サービスを行うことが有効なことがあります。子どもを預けられるのならイベントに参加したいという広報対象者がいることは、十分に考えられます。

　ここからもわかるように、プラクティカルバリューの提供についても、広報対象者を十分にセグメントしておくことが大事であることがわかるでしょう。

　もっぱら高齢者を広報対象としているのであれば、託児サービスがプラクティカルバリューになる可能性は極めて低いと考えられます。商店街のクーポンも同様です。クーポンをもらったとしても、その商店街に来る可能性が小さい広報対象者にとって、配布されたクーポンは無駄な紙になってしまいます。

ストーリーズ＝広報対象者が登場人物になれる物語に導く

共感形成での物語と、行動促進での物語

　ストーリーズ、つまり物語の重要性についても、4章7において触れました。ただ、共感形成での物語は、広報対象者にとって「他者」の物語でしたが、行動促進で求められる物語は、広報対象者「自身」が登場人物になる「物語」になります。

　広報対象者に「あなた」として呼びかけ、**「あなたが行動することで『物語』が生まれ『物語』が進む」** という状況を設定することで広報対象者の行動を促すことができます。広報対象者が参加できる余地を残したストーリーズを設定するということもできるでしょう。

　その余地を埋める行動によって、広報対象者が「意味ある存在」になることができるという発想です。人は、自分を無意味な存在であるよりも、意味ある存在として捉えたいと思っています。

　子ども食堂への寄付を促そうとする広報企画において、ただ「寄付は大事です」と言うだけでは物語は生まれません。「あなたの寄付が、この子どもたちの将来を変えていく」と呼びかけることで、広報対象者をストーリーズの登場人物にすることになり、広報対象者を意味ある存在として位置づけることになります。

　さらに、行動によって「意味ある存在」になれるということは、他者にとって「意味ある存在」になるということにとどまりません。

　行動によって広報対象者自身のストーリーズが紡がれ、行動が広報者自身の物語にとって意味あるものになるという点も重要です。

がん検診の受診を呼び掛ける広報企画において、その受診が、広報対象者＝あなたのこれからの人生、家族とともに幸せになろうとするストーリーズにおいて「意味がある」行動だと伝えることが受診を促すことにつながります。

物語には挫折を仕込む

ストーリーズは一直線の右肩上がりでは力を持ちません。いくつかの挫折があり、しかし、その挫折を必ず乗り越えるような物語であればあるほど広報対象者の行動を促進します。

白雪姫が恵まれた家庭に生まれ、すくすくと美しく育ち、なんの挫折もないまま、王子様と幸せな結婚をするという話には魅力がありません。

白雪姫は森で迷うことが必要であり、一方で七人の小人に助けられることが大事なのです。白雪姫は毒林檎を食べて眠りこむことが必要であり、一方で王子様のキスによって目覚めることが重要なのです。

このストーリーズにおいて、広報対象者が七人の小人であり、キスをする王子様だと思わせる必要があります。広報対象者である「あなた」は、迷った白雪姫を助けることで、白雪姫にとって意味ある存在になります。「あなた」がキスをすることで、「あなた」は白雪姫にとって意味ある存在になります。

あるいは、行動を促したい広報対象者を白雪姫にすることも考えられます。広報対象者にがん検診の受診を促すためには、病に罹患するかもしれないという「挫折」を提示したうえで、検診を受診するという行動によって、早期に病を発見し、笑顔の家族と幸せな生活を送るというストーリーズを提起することは、広報対象者を白雪姫にする取り組みです。行動促進のためにストーリーズを設定する際には、期待する行動が、「広報対象者が登場人物あるいは主人公となり、誰かにとって、あるいは自分自身にとって、挫折を乗り越える意味ある行動である」と提示することが意義を持ちます。

ヴァルネラビリティ
=突っ込まれるために弱みを見せる

「弱さ」は「強さ」

　ここまで紹介したSTEPPSはジョーナ・バーガーの考え方を、筆者が広報企画の作成に援用して、述べてきたものです。

　ヴァルネラビリティはSTEPPSには含まれていませんが、STEPPSを補完して、広報対象者の行動を促すものになります。

　ヴァルネラビリティのそもそもの意味は脆弱性だと述べました。その「弱さ」とは何にとっての「弱さ」でしょうか。それは、行政の目的でもある「地域に関わる人々の幸せの実現」にとっての弱さです。

　例えば、行政が行う福祉サービスのほとんどは、住民からの申請がないと適用できないということもヴァルネラビリティと考えることができます。それ以外にも、行政は地域に関わる人々の幸せを実現しようとする際に、多様な弱みを持っています。

　その弱さ、いわば凹部を認め、広報対象者に「あなたが関わることで、この弱みを埋めることができる」と訴求する、それがヴァルネラビリティ＝攻撃誘発性、突っ込まれ力になります。

「弱み」は広報対象者の行動を促すためにある

　しかし、単に「行政は弱いので関わってください」と言うのでは、広報対象者への行動促進にはなりません。行政はここまではできる、ここには強みがある、しかし、地域に関わる人々の幸せを実現するために、

あるいはあなたを幸せにするために、ここに弱みがある、凹部がある、穴がある。だから、あなたの行動が必要なんです」という発想や表現によって、広報対象者の行動を促すことが可能になります。それが「突っ込み」であり、広報対象者の行動を促すことになります。このことは4章7で述べた「あなたを意味のある存在」にするということにもつながります。

　政策広報において「地域に○○という課題がある。しかし、その○○という課題を克服するために、行政には△△という弱みがある。この、行政の凹部である△△は、他ならないあなたの行動によって生まれる凸部で埋められる。それによって、あなたの力で地域の課題を解決できる。まさにあなたという存在の力で」という行動促進の進め方です。

図5-4 ヴァルネラビリティ模式図

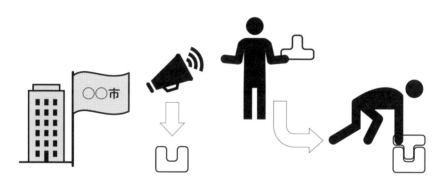

　第0章で述べた行政サービス広報でも、先に述べたようにヴァルネラビリティの考え方は活用できます。ここには時に見られる、「強い」行政が「弱い」サービス受給者を助けてやるという考え方はありません。

　「地域に関わる人々の幸せを目的としている行政であるけれど、あなたを幸せにするためには、行政に凹部がある、あなたの行動によって、その凹部を埋めることができる。だからあなたの行動が必要だ」という思いを持って行政サービス広報を行うことが、広報対象者の行動促進につながります。

島根県飯南町
飯南町ブランドメッセージ プロジェクト

（全国広報コンクール 2023 読売新聞社賞）

≫≫ 課題があるからこそ踏み出せる

　飯南町では町民座談会によって次のような課題をあぶり出しました。キャッチフレーズの乱立による町の目指す方向のわかりにくさ。地域の食、自然、人、伝統文化などの魅力が町外に伝わっていないこと。人とつながる場がまだ足りないことなどです。また、町外に暮らす町出身者や町に縁のある人々へのアンケート調査も行われました。そこには、町を応援する方法を知りたい、町外への情報発信が足りないなどの期待や課題がありました。

　これらは、メディア活用戦略モデルから考えると「前の傾聴」の一部にあたる取り組みです。こうした「前の傾聴」に基づき、飯南町のシティプロモーションは行われました。

　ここでのシティプロモーションは、住民が地域の当事者となり地域への関与意欲を向上させること、向上した関与意欲を用いて地域を持続的に運営していくための行動を起こしてもらえることと位置づけられます。

　そのための手順として、①地域のライフスタイルを象徴的に表す言葉としてのブランドメッセージ案を作成し、②「総選挙」によりブランドメッセージを決定し、③ブランドメッセージの利用を促し、④ブランドメッセージを自分ごととしてもらうための書籍を作成・発刊し、⑤書籍をツールとして交流企画を行い人とのつながりを強化し、⑥書籍を全国に流通させて飯南町への関心を高めるという流れを作りました。

>>> 読み取れるSTEPPSの発想

この手順には数々のSTEPPSが仕込まれています。

まず「ソーシャルカレンシー＝社会的・社交的価値を与える」について考えます。「人とつながる場が足りない」という、町民の抽象的な課題に対して、実際に「集まる」場としてのブランドメッセージ案を作成する「行政・住民協働プロジェクト」という具体的な機会を設けて「それを行えば仲間になれる」という場を提供したこと。これは社交的価値を提供することによる、そうした課題認識を持っていた広報対象者への行動促進と考えられるでしょう。

また、「エモーション＝高揚感を作りだす」については、「ブランドメッセージ総選挙」という仕掛けが用意されました。プロジェクトメンバーが考えた原案をコピーライターがブラッシュアップし、4つの候補案を選定して住民が投票するというものです。

図5-5 飯南町ブランドメッセージ総選挙を伝える動画

飯南町に住んでいる人、飯南町が好きな人など誰もが投票に参加でき

るハードルの低さ、実際の選挙のように町内18か所に投票箱を設置するとともに、より幅広い参加を得るために町内の中学生、高校生も投票に参加できるようにしました。

　さらに、若年者向けのYouTube、高齢者向けの地元ケーブルテレビ局とメディア選択をしたうえで「選挙特番」として、それぞれの案を推すプロジェクトメンバーが「勢見放送」を行い投票を呼びかけたり、中間得票数の発表を行うことも「競い」の促進につながりました。

　そして、この総選挙への参加という行動促進については「トリガーズ＝引き金を設定する」が準備されました。

　町民にとって親しみのあるゆるキャラ「い～にゃん」が投票する様子を地元ケーブルテレビ局で放送したうえで、その「い～にゃん」がいろいろな場所に出向き、投票を呼びかけました。

　町民にとっては、飯南町のさまざまな場所にある「い～にゃん」を見かけるたびに、ブランドメッセージ総選挙を思い出すことになります。とりわけ、これからの飯南町を担う世代である子育て中の人々にとっては、ゆるキャラは的確なターゲティングにつながるメディアであるということもできます。

　これらの取り組みは「パブリック＝「みんな」を可視化する」にも関わります。例えば総選挙をインターネットで行うだけでとどめ、YouTubeでの配信やケーブルテレビでの放送をしなければ、行政が期待する選挙活動、投票という行動の可視化はできません。

　目の前で投票している人がいる、総選挙について話題になっているという、「みんな」が投票しているという可視化が可能になると、投票に向けて背中を押す取り組みになります。

　飯南町の広報企画には「ストーリーズ＝広報対象者が登場人物になれる物語に導く」も設定されました。

　興味深い取り組みとして、レトロな活動弁士（活弁）付きの無声映画風の動画があります。この動画では「飯南町銘声明作成事業」として、総選挙に至るまでのプロジェクトの映像が流されています。映像には多

くの町民が登場し、自分たちの物語であることを明確にしています。

≫ 突っ込まれ力で町民の行動を促す

そして、「ヴァルネラビリティ＝突っ込まれるために弱みを見せる」が、この広報企画の前提となる考え方です。ブランドメッセージを作るだけならば、行政の強みである権限と予算を用いて、プロフェッショナルのコピーライターに発注すれば済みます。

しかし、この広報企画の目的は、住民が地域の当事者となり地域への関与意欲を向上させること、向上した関与意欲を用いて地域を持続的に運営していくための行動を起こしてもらうことです。

そう考えれば、地域を持続的に運営していくことについて、行政だけでは弱みがあると示し、町民をセグメントしつつ、それぞれに対して「あなたができることがある」「あなたはそれをすることで意味のある存在になる」という「ヴァルネラビリティ＝突っ込まれるために弱みを見せる」という発想が必要になることは当然でしょう。

こうした取り組みの結果、町の人口と比較して50％を超える2,331票の投票があり、うち最多得票となったブランドメッセージ「余白あります。」が決定しました。

ブランドメッセージの決定を受け、飯南町はブランドメッセージフェスティバルを実施し、多様な取り組みで町民の意識を変えていきました。

町民の意欲を高めるため、ロゴマークの要素を利用して、町民それぞれにオリジナルロゴマークの作成も働きかけました。「余白あります。」で表現される飯南町の魅力を発信するため町民ライターの参加を促し、書籍『余白の中で。』（飯南町まちづくり推進課　企画・編集、ハーベスト出版、2023年）も発刊されました。

【参考URL】（2023年8月4日確認）
https://www.iinan.jp/site/brandmessage/

5章まとめ

☑ 広報企画の目的が、広報対象者が行う、行政が期待する行動の実現であることを十分に理解できているか?

▶広報対象者への認知の獲得にとどまっていたり、広報対象者の思いや関心を十分に理解しない行政本位の「企画」であったりしてはならない。

☑ 行動促進を実現するために、STEPPS + Vの発想を持った仕掛けが用意されているか?

▶着地点で信頼を得て、共感を作ったうえで「なぜ、その行動をするのか」という理由を十分に用意することで、広報対象者の行動を促すことができる。

☑ STEPPS + Vを十分に散りばめられているか?

▶総合的な広報企画を成功させるには、STEPPS + Vを単発ではなく、多様に連携させつつ配置しておくことが有効になる。

☑ 行政は自らの弱み、凹部を十分に意識できているか?

▶行政が「知らせてやる」「やってあげる」のではなく、地域に関わる人々の幸せを実現するにあたって、行政に弱み、凹部があるから、広報対象者の行動を期待するという発想が、的確な行動促進を可能にする。

Chapter **6**

企画を次につなげよう！
情報共有支援と
成果の測定

情報共有を支援するためには
誘発ポイントとSTEPPS＋V

図6-1 メディア活用戦略モデル(情報共有支援)

情報をシェアしてもらうには？

　6章1〜2は情報共有支援、言い換えれば行政が発信した情報をシェアしてもらい、行政が伝えたい情報を異なった視点で発信してもらうための方法について考えていきます。とはいえ、それほど新しいことはありません。今までに述べた考え方や仕掛けを、情報をシェアしてもらい、新たに発信してもらうために活用するということになります。

　情報共有支援は、認知獲得、関心惹起、信頼供給、共感形成、行動促進の各段階で有効です。なぜ、情報をシェアしてもらい、新たな視点で情報を発信してもらうことが意義を持つのでしょうか。端的に言えば、仕事が楽になるからです。

広い認知を獲得するために、日本中の掲示板にポスターを貼りに出かけることは考えにくいでしょう。既に述べた誘発ポイントである「ワォ」「はやり」「ニヤリ」をオウンドメディアに設定して、アーンドメディアであるマスメディアやシェアメディアを獲得したほうが明らかに楽に認知を獲得することができます。

■ STEPPS＋Vは情報共有支援にも使える

　関心惹起、信頼供給、共感形成、行動促進の各段階では、広報対象者に対してSTEPPS＋Vを仕掛けることで情報共有ができます（図6-2）。
　STEPPSはジョーナ・バーガーというマーケティング学者の提起したものだと述べました。STEPPSが紹介されている書籍の邦訳タイトルは『なぜ「あれ」は流行るのか？強力に「伝染」するクチコミはこう作る！』（ショーナ・バーガー著、貫井佳子訳、日経BPマーケティング、2013年）というものです。ここからもわかるように、STEPPSは、もともと情報共有支援の仕掛けとして考えられたものです。

図6-2 STEPPS+Vとは

STEPPS+V	情報共有の仕掛け
ソーシャルカレンシー	情報をシェアすると、社会的にいいことをした、社交的に仲間になれた、と感じられる状況を用意する
トリガーズ	情報をシェアしたり発信したりするきっかけをつくる
エモーション	情報のシェアを競争させる、発信させる仕掛けを設ける
パブリック	みんながすでに情報をシェアしたり発信したりしているように思わせる
プラクティカルバリュー	情報をシェアしたり発信したりするとモノ・カネ・サービスがもらえるようにする
ストーリーズ	情報のシェアや発信を、物語の登場人物となることができ、意味のある行為だと考えられるような準備を行う
ヴァルネラビリティ	「行政は情報発信が苦手」と弱みを的確に可視化しつつ、情報のシェアや発信を促す

情報共有を
新たな共感形成の資源にする

社会と社交

　探索誘導により引き込んだ着地点で共感を形成するためにはソーシャルという発想が必要だと述べました。ソーシャルには社会と社交の2つの意味があります。行政の発信した情報のシェア及び行政の伝えたい内容の新たな視点での発信は、社会的に重要なことだから共有されているのだという社会としてのソーシャルに関わる受けとめを得られます。

　さらに、行政という社交性の低い、言い換えれば共感を形成しにくい存在からではなく、広報対象者と同じ状況や境遇にある人からの発信は共感を形成する社交というソーシャルに関わって受けとめられるはずです。

図6-3 広報対象者同士の情報共有を共感形成の着地点に

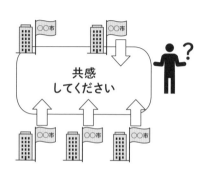
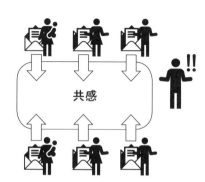

弊している市民もいるなかで、公平性の観点から課題があります。
まち宣伝部の部員たちは、当初から情報発信の技術的な力が十分
わけではありません。カメラなどの機材も不足していることもあ
ょう。
だけを見れば、いずれも課題を持っている組織や人たちというこ
どまります。しかし、これをヴァルネラビリティ（突っ込まれ力）
ると興味深いことが見えてきます。

相互の弱みを利用した連携

主体	強み	弱み
現在	S ④相手補完	W ①自己弱みを確認
将来	O	T
現在	S ②相手探索設定	W ③相手弱みを確認
将来	O	T

の弱点である共感を形成する力の不足や、広報対象であるセグメ
ーゲティングへの批判は、いこまち宣伝部が多様な市民で構成さ
ることによる共感性の確保や、自らを基準にした情報発信による
こだわらない情報発信という凸部によって埋められる凹部で

まち宣伝部の部員たちが必ずしも当初から高い専門性を持ってい
ではないという弱みは、生駒市が多くの学習機会を用意し、いこ
伝部員の間でのコミュニケーションを活発にするという凸部に

そして、こうした情報のシェアや新たな視点での発信が集積されれば、それは共感形成を実現する着地点として機能します。ここでも、この情報共有を的確に活用できれば、行政が苦手な共感形成が楽に達成できます。

そのためにも、シェアされたり新たな視点で発信されたりした情報を集積するためのツールをしっかり用意しましょう。**わかりやすい事例にInstagramのハッシュタグがあります。**行政の伝えたい内容の新たな視点での発信について、同じハッシュタグをつけてInstagramによって発信してもらうハッシュタグキャンペーンも考えられるでしょう。

もちろん、ただ「ハッシュタグで動画や画像をInstagramで発信してくれないかなぁ」と待っているだけでは、情報が共有されるはずはありません。そこに、第5章で紹介し、6章1でも述べたSTEPPS＋Vを仕掛けていくことになります。

行政の設定したハッシュタグを付してInstagramでの情報発信が行われれば、そのハッシュタグでの検索を促すことで、共感を形成する着地点としてInstagramの検索結果画面が機能することになります。そのハッシュタグ検索結果をフォローしてもらうことができれば、共感を形成する着地点としての意義はさらに高まるでしょう。

行政ではない多様な人々がそれぞれに、例えば「＃○○市の子育て」で動画や画像を発信してくれるなら、それらがまとめられた検索結果は行政の言葉よりも明らかに共感を形作れるはずです。

もちろん、メディアはInstagramに限るわけではありません。広報対象者のセグメントに応じて多様なSNSが考えられます。SNSでなくても情報共有は可能です。広報対象者からのメールや、時には手紙での意見をまとめた場所を行政が設定することも考えられるでしょう。

時には広報対象者のセグメントに応じて、オンラインの場所でも紙媒体を利用することもあり得ます。

行政が苦手な共感形成を楽に行うために無理をせず、情報共有支援という発想を上手に活用してください。

奈良県生駒市
地域の魅力を発信する市民PRチーム「いこまち宣伝部」

（2022年グッドデザイン賞受賞）

≫≫ 行政の苦手な「共感」を形成する取り組み

生駒市のいこまち宣伝部は2015年度から始まり、現在は、生駒市の魅力的な人・店・行事・風景などを取材し、市の公式Facebook及びInstagram「グッドサイクルいこま」で発信する市民PRチームとして活動しています。

図6-4 いこまち宣伝部グッドデザイン賞受賞を知らせる生駒市ウェブサイトから

GOOD DESIGN AWARD
2022年度受賞
市民PRチーム「いこまち宣伝部」

いこまち宣伝部は、この取り組みによってFacebook「グッドサイクルいこま」とInstagram「グッドサイクルいこま」を、共感形成を実現する着地点として整備しています。

この共感形成は、行政の苦手とする部分です〔……〕供給は多くの場合、行政の得意な部分でしょう。

その意味で、着地点である「グッドサイクル〔……〕伝部員と市職員が交代で投稿していることも、〔……〕睨みした、よく考えられた取り組みとして興味〔……〕

ところで、いこまち宣伝部は他の自治体の例〔……〕の専門性や高い技術を持った人々を募集したり〔……〕者のようなシステムは異なる仕組みになってい〔……〕

対象年齢を18〜49歳に絞り、活動期間は1〔……〕ば卒業していきます。また、部員の皆さんは、〔……〕門性を持っている人ばかりではありません。

生駒市が提供するプロフェッショナルによる〔……〕料講座を受講したり、部員がいっしょに取材・〔……〕ンライングループが設定されたりすることによ〔……〕力を高めていく仕掛けが用意されています。

専門性の高い、高価な機材についても、企業〔……〕カメラを無償利用できるようになっています。

いこまち宣伝部への応募者のなかには、この〔……〕を使いたいということが最初の動機だったとい〔……〕

≫≫ 行政・市民相互の「弱みを利用する」

こうしたことは、市民による情報共有を十分〔……〕の弱みを利用しているとも考えられます。

さらに言えば、弱みを明確にする、つくりだ〔……〕ネラビリティの力、突っ込まれ力によって、情〔……〕り組みと考えることもできます。

行政は共感を形成する情報発信が得意ではな〔……〕元気な人や活躍している人だけの情報を発信〔……〕

よって埋められる凹部です。

　この点については、生駒市が、凹部を持った人を積極的に募集することで、行政の凸部を活かすことができる余地を用意したと言ってもいいでしょう。

≫ 相互の弱みを利用した連携

　このことを模式的に表せば図6－5になります。

　まず、この広報企画を実現するにあたっての自らの自治体の弱みを確認します。

　行政の一般的な弱みとしては共感される力の弱さと、ターゲティングすることへの批判がありますが、それぞれの自治体や担当部局によって、それ以外にも多様な弱みが考えられるでしょう。

　次に、その弱みを補完できる他の主体を探索、あるいは設定します。いこまち宣伝部のように新たに設定することも考えられますし、高校生や大学生を広報対象とした企画の場合は、その高校生や大学生のうち積極的に地域活動をしているグループなどを発見する場合もあるでしょう。

　そのうえで、広報企画において連携対象とした他主体の弱みを確認します。最後に、連携対象である他主体に確認できた弱みを行政の強みで補完することで、連携は十分なものになります。

　いこまち宣伝部は、行政と他の主体が互いの凹部を埋めることによって（ヴァルネラビリティ）、継続性のある情報共有を実現している姿と考えることができ、学びとなる事例といえるでしょう。

【参考URL】（2023年8月4日確認）
https://www.city.ikoma.lg.jp/vod/0000003774.html

ちょっとやってみて、振り返る

図6-6 メディア活用戦略モデル（後の傾聴）

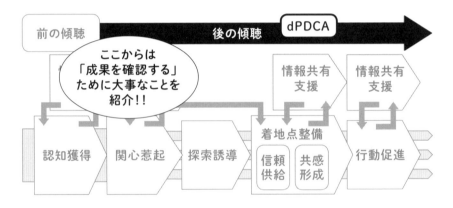

定量的なデータで説明する

「後の傾聴」とは各段階での成果確認を意味する言葉です。ここで大事なことは「各段階での」という部分です。

広報対象者の意識を変え、行動を促すための広報企画にとって、期待する行動が実際に実現したのか、実現しなかったのかを明らかにすることは当然です。ところが、行政の広報企画と称するものに、成果について明確になっていないものがあります。それは「やってみた」というだけであって、市民から預かった税金を使った事業としては考えられません。

もちろん、すべての広報企画が、常に期待する行動変容を実現できることはないでしょう。そうであれば、**今回の広報企画でどこまでが実現**

し、なぜ、当初の目的を達成できなかったかを確認することが必要となります。そのためにもできるかぎり定量的に、数字として成果を確認することが意味を持ちます。

一部の人々の「よかったです」というような定性的な言葉だけをもって成果とすることは避けなければなりません。すでに紹介したEBPM（データを基礎として政策を形成する）という発想からも離れています。

ごく一部の人によるコメントなどのエピソードではなく、できるかぎり定量化されたエビデンスこそが市民や議会を納得させます。

各段階での成果確認

そのうえで、この成果確認は、「結果的に行動促進ができたか」、「どの程度できたか、できなかったか」の確認だけでは不十分です。

従来、PDCAサイクルの重要性が述べられていました。このこと自体は今でも同じだと考えます。しかし、最初のPである計画（Plan）づくりに精魂を傾け、力を使い果たしているのではないかとの指摘もあります。

考えてみれば、PDCAの最後のAはAction（改善）を意味するにも関わらず、結果としての行動変容だけをCheck（確認）しているのでは、成功した、失敗したというだけに終わってしまい、どこをどうすればより良い結果になるかはわからないことになります。

そこで重要なのがd（スモールd）です。これはdoです。「まずはやってみる」という意味になります。まずは試験的にやってみて、そのうえで計画を立てて、実行し、確認し、改善するという流れである「dPDCA」という考え方が重要だというわけです。

しかし、税金を財源とする行政の施策において「うまくいくかどうかわからないけれどやってみる」ということは容易ではありません。

その代わりに、最終的な行動変容の成果を確認するにとどめず、各段階で成果を確認し、不十分であればその段階をやり直すという形でdPDCAを行っていくことが望まれます。

成果目標を設定しよう

まず最終目標となる行動促進の達成目標を設定する

各段階で成果を確認し、速やかに対応するという考え方でdPDCAを回すためには、**広報対象者に期待する行動促進を、どの程度実現するのかを設定する**ことがまず必要です。

当然ですが、優先順位を考えてセグメントした広報対象者すべてに、行政が期待する行動を取ってもらうことはできません。

であれば、どの程度の人々に行動してもらうかを定める必要があります。健康に強い自信を持ち、日常的に運動している30歳代の女性すべてにがん検診を受診してもらうことが困難であるとすれば、どのぐらいの人の受診を実現するのかということになります。

この数字を決定するには「前の傾聴」が的確に行われなければなりません。40歳代の女性と同じ比率にするのか、他の自治体の30歳代の女性と同じ比率にするのか、そうした調査・傾聴によって、広報企画の最終的な目標である行動促進における達成目標を設定することになります。

各ステップごとの成果目標を設定する

次に、設定した行動促進の達成目標を実現するに至る、**認知獲得から行動促進までの各ステップでの成果目標を仮説的に設定**します。

どの程度の広い認知が必要なのか、行動変容を期待する広報対象者がどの程度「自分に関わる」と思ってもらえばいいのか。どの程度の広

報対象者を着地点に誘導できればいいのか、情報主体や情報内容をどの程度信頼してもらえればいいのか、どの程度共感を得られていればいいのかという各段階での仮説的な成果目標を設けておくことが意義を持ちます。

　例えば、25％の広報対象者に行動することを期待する広報企画においては、期待されている行動に関心を持つ広報対象者を40％にしなくてはいけない。そのためには、信頼を供給する着地点として設定した公式ウェブページに5000件のアクセスが必要になる。共感を形成する着地点であるInstagramのハッシュタグ検索結果に1000の「いいね」が付くことが求められるなどの仮説を立てるということになります。

　行動促進における達成目標から各ステップを逆算する形で各ステップの成果目標を定めることで説得力を持つことができるでしょう。

後の傾聴により確認した実際の状況に応じて取り組みを都度定める

　そして、後の傾聴により、実際の状況を確認しながら、各ステップを実現する取り組みを強化したり、一段落させたり、あるいは目標数値を変更したりすることが考えられます。

図6-7 各段階での dPDCA

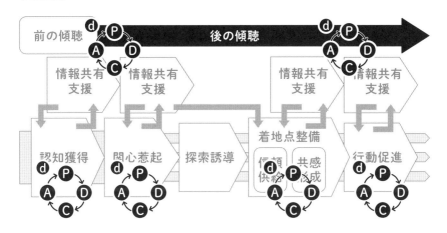

どのように測るのか

成果測定方法のいろいろ

それでは、どのような手段で成果を測ることができるでしょうか。

前の傾聴について、アンケート、フォーカスグループインタビュー、ソーシャルリスニングについて説明しました。これらの方法は後の傾聴にも活用することができます。それに加えて、広報モニターの利用なども考えられるでしょう。認知獲得においては媒体の配布数や視聴数、あるいは紙面や映像などの広告換算費用という方法も用いられます。

関心惹起では、広報対象者からの問い合わせ数や関心惹起に用いたソーシャルメディアのフォロワー数の増加も一つの指標になり得ます。

ペイドメディアとしてSNSに広告を掲載した場合には分析レポートを得られることも多いので活用しましょう。

着地点にウェブサイトを使ったのであれば、アクセス解析を行うことが有効です。単にアクセス数のチェックにとどまらず、ページ上の滞在時間や、直帰率（同じウェブサイトの他ページへの移動状況）なども、そのウェブページが有効に機能しているかどうかを判断するために使うことができます。

Googleアナリティクスのような無料で使える分析ツールもあるので利用方法を確認することをお勧めします。GoogleアナリティクスにはSearch Console（サーチ・コンソール）という機能を連携させることもできます。これによって、どのような単語で検索されているのかも確認できます。SNSについてもフォロワー数だけではなく、**エンゲージメン**

トと呼ばれる「いいね」「リツイート（リポスト）（シェア）」「コメント」などの数や傾向について分析することも意義を持ちます。

　Facebookであれば、**ページインサイト**という機能を利用して、これらを調べることもできます。

図6-8 成果測定方法

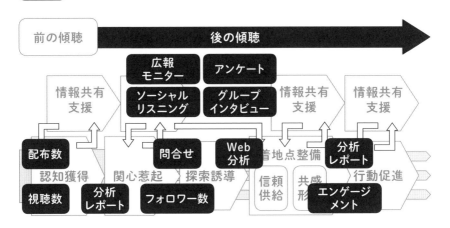

成果状況を一覧化するダッシュボードという発想

　そのうえで大事なことはダッシュボードという発想であり、仕組みです。今まで述べたさまざまな指標を一つずつ検討していくことは、そう簡単ではありません。

　活用する成果測定方法をある程度限定し、それを車のダッシュボードのような計器一覧のように見える化する考え方であり、そうしたシステムでもあります。

　ダッシュボードのためのITシステムを用意することは、相当大きな予算額で行う広報企画に限定されるでしょうが、各段階の指標を一覧化するという発想を持っておくというダッシュボード思考があるだけでも的確な「後の傾聴」が可能になります。

6章まとめ

☑ 情報を一度発信したら終わりではなく、
情報をシェアしてもらう仕掛けを用意しているか？

▶行政が発信した情報のシェアや、行政が発信した情報についての新たな視点による情報発信は、たまたま起きるわけではない。ここでも、情報共有を促すSTEPPS＋Vを意識して取り組もう。

☑ 広報企画を行政だけで行おうと考えていないか？

▶現状の課題を解決するための広報企画では、多くの場合、行政に弱みとなる点がある。広報企画を成功させるには、その弱みを行政の努力で補おうとするのではなく、弱みを補完できる存在を探すか、新たに作り出すことを検討しよう。

☑ 定期的に広報企画を振り返り
定量的な成果を確認しているか？

▶メディア活用戦略モデルの各段階が成果を上げているか、定期的に確認しよう。その際、事前に決めた各段階での成果目標は仮説と捉え、適宜検証・修正していこう。

☑ dPDCAのサイクルを回せているか？

▶各段階での成果を、早期的かつ定期的に確認することで、「まずはやってみる」を意味する「スモールd」を実行することができる。これにより、仕事のやり直しやコストの無駄がなくなる。

●付録

メディア活用戦略モデルを活用して企画を作ってみよう！

≫≫ フォーマットを使って思考を整理しよう

　本書をここまで読んで、さて仕事にどう活かしていけばいいのだろうと思ったあなたへ、イチオシのワークがあります。図7－1に紹介する「メディア活用戦略フォーマット」です。

図7-1 メディア活用戦略フォーマット

自治体名	前の傾聴	認知獲得	関心惹起	着地点整備		
				信頼供給	共感形成	行動促進
いつ						
誰に（広報ターゲット）			デモ・ジオ・サイコ属性に注目した広報対象設定		促そうとする行動	
何のメディアで		オウンドメディア／アーンドメディア				施策内容
誰と（メリット記載）						
どのような内容を			探索誘導／どんな仕掛けで			行動を促すインセンティブ・ハードル下げ
情報共有支援（どんな方法で）		誘発ポイント	インセンティブ／ハードル下げ	インセンティブ／ハードル下げ	インセンティブ／ハードル下げ	推奨方法
後の傾聴	定量的目標／確認方法					

　新しく広報企画を立てるときに、上司から「結局それってどんな企画なの？」「わざわざやる意味はあるの？」と問われて、即答できずに困ったことはないでしょうか。そんなときに、このワークシートを使って、企画を整理することができます。

例えば図7－2のように使うことができます。

ここでは「市内に住むスポーツ好きの大学生を広報対象者として『キッチンカーで健康食』イベントへの参加を促し、さらに、参加した学生に、『美味しい○○市へようこそ』という感想動画の作成を促す」ものとします。

図7-2 **メディア活用戦略フォーマット事例**

○○市		前の傾聴	認知獲得	関心惹起	着地点整備		
					信頼供給	共感形成	行動促進
いつ		2月	7月	8月	7月	9月	11月
誰に（広報ターゲット）		大学生	○○県民	「創造で未来をさきどる日本一健康都市」に共感し、地域を推奨する可能性の高いデモ・ジオ・サイコ属性の人＝市内在住スポーツ好き大学生			訪問推奨
何のメディアで		アンケート	ニュースリリース／地方紙・ローカルニュース	大学内掲示板／学生スポーツ新聞／学生向け飲食店ポスター	○○市公式HP	#未来の健康○○市でinstagramまとめ	キッチンカーで地域の健康食（素材当てコンテスト）
誰と（メリット記載）		A大学（学生把握）	単独	A大学地域連携担当（地域連携ミッション）飲食店組合（大学連携）プロスポーツチーム（観客増）	単独	単独	JA（産品認知）・飲食店組合（集客）
どのような内容を		地域認知／食への意識／メディア活用	イベントの存在	イベント概要／美味しそうな写真／探索誘導／QRコード/ハッシュタグ検索	イベント詳細インセンティブ	イベントへの意気込み	無料／公式HP紹介・就活で語れる
情報共有支援（どんな方法で）			キッチンカー＝トレンド,県内初＋コンテスト＝ワォ,キッチンカーで健康食＝ギャップ	プロスポーツチケットプレゼント／インスタグラム#未来の健康○○市	参加条件／ソーシャルボタン	広報紙掲載／インスタグラム#未来の健康○○市	感想動画「美味しい○○市へようこそ」
後の傾聴	定量的目標		県内人口10%へのリーチ	2000人リーチ500シェア	500アクセス直帰率70%	合計2000いいね	200人参加動画30本
	確認方法		視聴者数＋読者数	グループインタビュー	アクセス解析	上記ハッシュタグいいね合計	参加者数動画数

このフォーマットを解説します。考える順番を記した図7－3を参照しながら読んでください。

まず、広報対象者を設定します（①）。ここでは、市内に住むスポーツ好きの大学生を対象にします。次に、この広報対象者に期待する行動を記述します（②）。

そのうえで、まず、行動促進の段階を考えます。この行動を実現するための施策を決定します。ここでは「健康になる食事をキッチンカーで提供するとともに、その食材を当てるコンテストを実施する」（③）こととします。

　この施策を成功させるための情報共有支援として、学生に、地域への訪問推奨を実現する動画を制作してもらい、SNSを用いて拡散してもらうという企画を立てます（④）。ここには、参加へのハードルを下げる仕掛けとインセンティブを用意します。（⑤）。この事例では、イベントの参加費が無料であることのほかに、学生が制作した動画を自治体の公式ホームページで紹介することで、就職活動などのアピールになるというインセンティブを加えます。

図7-3 メディア活用戦略フォーマット事例発想順

○○市	㉔	認知獲得	関心惹起	着地点整備		
				信頼供給	共感形成	行動促進
㉓		2月	7月	8月	7月	9月	11月
誰に（広報ターゲット）		大学生	○○県民	「創造で未来をさきどる日本一健康都市」に共感し、地域を推奨する可能性の高いデモ・サイコ属性の人＝市内在住スポーツ好き大学生 ①		訪問推奨 ②
何のメディアで		アンケート	ニュースリリース 地方ローカルニュース ⑧	大学内掲示板 スポーツ新聞 学生向け飲食店ポスター ⑩	○○方式 ⑮	#未来の健康 ⑫から⑲ まとめ	キッチンカーで地域で健康食（＝コンテスト） ③
誰と（メリット記載）		A大学（学生把握） ⑨		A大学地域連携担当（地域連携ミッション）飲食店組合（大学連携）プロスポーツチーム（観客増） ⑬	⑱	㉒	JA（産直品）・飲食店組合（集客） ⑥
どのような内容を		地域認知食への意識メディア活用	イベントの存在	イベント概要 美味しそうな写真 探索誘導 QRコード／メニュー／タグ検索 ⑪ ⑭	イベントインセンティブ ⑯	イベントの ⑳	無料 公式HP紹介・就活で語れる ⑤
情報共有支援（どんな方法で）		キッチンカー＝トレンド、県内 ③から⑦ ンカーで健康食＝ギャップ	プロスポーツチケットプレゼント インスタグラム ⑫ #未来の健康 ○○市		参加条件 ⑰ ソーシャルボタン	広報紙掲載 ㉑ インスタグラム #未来の健康 ○○市	感想動画「美味しい、○○へようこそ」④
後○感 ㉕	定量的目標	県内人口10％へのリーチ	2000人リーチ 500シェア		500アクセス直帰率70％	合計2000いいね 動画30本	200人参加動画30本
	確認方法	視聴者数＋読者数	グループインタビュー		アクセス解析	上記ハッシュタグいいね合計	参加者数動画数

157

この施策を実現するために、自治体だけでなく、JAと飲食店組合に協力を依頼します（⑥）。

　行動促進の段階の次に、自治体では特に必要な、幅広い認知獲得の段階を検討します。そのためにはアーンドメディアを刺激する誘発ポイント（⑦）が必要になります。

　この施策では、キッチンカーという「トレンド」、コンテストという競争がもたらす「ワォ」、キッチンカーと結びつきにくい健康という「ギャップ」という誘発ポイントがあります。図7－3では「③から⑦」という番号を付けています。

　この誘発ポイントによって、オウンドメディアであるニュースリリースが、地方紙の記事やローカルニュースというプッシュできるアーンドメディアを獲得することに繋がります（⑧）。ニュースリリースという施策は自治体単独で実現できます（⑨）。

≫ 広報対象者の関心を集めよう

　次に、今回、行動を促す相手である広報対象者に直接訴求する関心惹起の段階を考えます。ここで必要なことはセグメントとターゲティングです。すでに①によって、デモグラフィック、ジオグラフィック、サイコグラフィックの3つの要素に着目した、広報対象者のセグメントは行われています。

　ターゲティングはどうでしょうか。広報対象者である、市内に住むスポーツ好きの大学生に刺さるメディアとコンテンツを検討すると、大学内の掲示板や学生向けの飲食店へのポスター貼付や、規模の大きな大学にはある学内運動部の活躍を紹介する学生スポーツ新聞への広告が考えられます（⑩）。

　このポスターや広告には参加を期待するイベントの概要や参加を促すインセンティブを掲載します（⑪）。

　また、イベントを知ってもらうだけでなく、その内容をシェア（情報共有）してもらう戦略も考えましょう。ここでは、「#未来の健康○○市」というハッシュタグを付してInstagramへの投稿を学生に呼びかけます。

広報対象者の属性に合わせ、地域のプロスポーツのチケットプレゼント
をインセンティブにすることで、シェアに繋げやすくします（⑫）。

　これらの関心惹起の取り組みは自治体単独ではできません。地域連携
を期待する大学や、自治体との協力に意義を見出す飲食店組合や、学生
スポーツ新聞編集部への協力要請が必要です（⑬）。

　探索誘導は関心惹起に用いるメディアに仕込む仕掛けのため、関心惹
起の段階に含まれています。ここでは、紙媒体であるポスターや広告か
ら、スマートフォンのウェブサイトに誘導するためのQRコードを設定
しました（⑭）。ただし、ここでどのような仕掛けが有効であるかは、
このあとの⑮から㉑を確認し、先後関係によって再検討することも必要
です。図7−3では、このことを実線の矢印で示しています。

　続いて着地点整備の段階です。関心惹起の取り組みによってイベント
について詳しく知りたいと思ってくれた学生を受け止めるプルメディア
である着地点が必要になります。プルメディアの役割は信頼供給と共感
形成です。

≫ 情報を届けたら、さらに行動を促そう

　信頼供給の段階について考えましょう。この例では広報対象者の属性
を考え、信頼できるメディアである、スマートフォン向け自治体公式
ホームページを用いることにします（⑮）。

　ホームページに掲載する内容には、日時、会場、アクセス、注意事項
などのイベントの詳細に加え、参加へのハードルを下げる参加費無料と、
制作した動画が自治体公式ホームページで紹介され、就職活動などに役
立つというインセンティブをわかりやすく説明する工夫が必要です
（⑯）。

　この信頼供給の段階でも情報共有を促すことにより、イベントや施策
についての認知獲得や関心惹起、さらに後に述べる共感形成が強化され
ます。この例では、自治体公式ホームページのイベント用のウェブサイ
トにソーシャルボタンを設け、ワンタップでSNSを開けるようにするこ
とによってハードルを下げ、SNSでイベントをシェアすることを参加の

条件とすることによって情報共有を促します（⑰）。自治体公式ホームページへの情報掲載は自治体が単独で行うことができます（⑱）。

着地点では、信頼供給にあわせて共感形成の段階が必要です。この例では点線の矢印を用いることで共感形成を実現するメディアを作り出しています。

つまり、関心惹起の段階において、情報共有支援として地域のプロスポーツのチケットをプレゼントするというインセンティブを設けることで、ハッシュタグ「#未来の健康○○市」を付して投稿してもらったInstagram記事に、共感形成の段階で、「#未来の健康○○市」での検索結果を表示するQRコードで誘導し、自治体では行いにくい共感形成のメディアとする取り組みです（⑫から⑲）。もちろん、自治体の公式Instagramでも、積極的に「#未来の健康○○市」を付して投稿しておくことも重要です。

関心惹起段階の情報共有支援においてInstagramへの投稿にイベント参加への意気込みを記してもらうよう述べておくことで、広報対象者による投稿内容が、さらに共感形成につながるものとなるでしょう（⑳）。

共感形成段階でも、さらに「#未来の健康○○市」というInstagram投稿を促す情報共有支援（㉑）によって、⑳の共感形成のためのメディアが充実することになります。

この例の場合は、自治体公式Instagramでの投稿と、各段階での情報共有支援により集積される広報対象者のInstagramへの投稿により、共感形成のメディアは作成されてしまうため、特に連携する「誰と」は不要であり「単独」と記載します（㉒）。

以上により、メディア活用戦略を意識して、「市内に住むスポーツ好きの大学生を広報対象者として『キッチンカーで健康食』イベントへの参加を促し、さらに、参加した学生に、『美味しい○○市へようこそ』という感想動画の作成を促す」を実現するための広報企画の大筋を想定できるようになりました。

》》「いつ」やるかを考えよう

　しかし、まだいくつかの大事なことが残っています。当然、それぞれ
の取り組みをいつ行うのかという日程調整が必要になります（㉓）。

　この例ではイベントの日程を決めることで、各段階の「いつ」が決まっ
てきます。このとき注意することとして、信頼供給のメディアである自
治体公式ホームページのイベント用のウェブサイトは、関心惹起に付属
する探索誘導の前には用意されていなければならない、できれば認知獲
得以前に用意しておくことが望ましいです。関心を持ち探索誘導されて、
あるいは認知され検索して訪れたウェブサイトが用意されていなければ
信頼を供給することはできません。

　㉔の、前の傾聴段階は、広報企画を実行する際には時期として最初に
行われる段階ですが、広報を企画する際には、①から㉓までを検討した
あとに、いつ・誰に・どんな方法で・誰と・何を傾聴するのかを考えま
す。図７－３の事例では、①から㉓を仮決めしたあとに、２月に・大学
生に・アンケートで・A大学とともに地域についてどの程度知っている
か、食への意識、どのようなメディアで情報を得ているかなどといった
ことを傾聴します（㉔）。

　この前の傾聴の結果、仮決めしていた施策を適切に変更したり、ブ
ラッシュアップしたりすることができます。

　あわせて、前の傾聴に基づく現状分析を用いて、後の傾聴に必要な定
量的目標と、目標の達成状況を確認するための方法を設定します（㉕）。

》》メディア活用モデルを使って素敵な広報企画を！

　ここまでの作業により、庁内・議会に説明できる広報企画を作成し、
実現することが可能になります。メディア活用戦略フォーマットを埋め
て完成させるのに、最初は少し苦労するかもしれません。しかし、慣れ
てしまえば数時間で作ることができます。

　成功する広報の企画及び実行にあたって、何が不足しているのか、い
ま行っている仕事はどこに役立つのか、なぜこの広報企画によって目標
が実現できるのか、誰に何を依頼し指示すればいいのかが、わかるよう

になります。

　ともに地域を担う住民に、住民の代表であり代理人である議会に、よりよい仕事を望む上司に対して、説明できる広報企画を実現するために、メディア活用戦略モデルと、メディア活用戦略フォーマットを上手に利用されることを望みます。

　自治体の存在意義は、地域に関わる人々の持続的な幸せを実現することです。自治体が行う広報企画はそのために立てられ、実行されます。

　読者の皆さんの広報に関する取り組みが、その目的を実現することを願っています。

　そのために、この本に書かれていることを皆さんが乗り越え、さらに素敵な広報企画を立案し実現されることを期待しています。

著者紹介

河井孝仁（かわい たかよし）

東海大学教授（文化社会学部広報メディア学科）

博士（情報科学・名古屋大学）。
静岡県職員、静岡総合研究機構研究員を経て、2010年より現職。
専門は、行政広報論、シティプロモーション、地域マーケティング。
公共コミュニケーション学会会長理事、社会情報学会理事、総務省
地域情報化アドバイザー、総務省地域力創造アドバイザー、（社）日
本広報協会広報アドバイザー、同全国広報コンクール審査委員（広
報企画部門代表委員）、シティプロモーションアワード実行委員長・
審査委員長などを務める。
埼玉県北本市、島根県飯南町、東京都立川市、東京都八王子市など、
多数の自治体のシティプロモーションに関わる。
『新・シティプロモーションでまちを変える』（彩流社、2022年）、『「関
係人口」創出で地域経済をうるおすシティプロモーション2.0―まち
づくり参画への「意欲」を高めるためには―』（第一法規、2020年）
ほか、著書多数。

戦略的に成果を上げる！
自治体広報のすごい仕掛け

2023年10月25日　初版発行

著　　　者	河井孝仁（かわい たかよし）
ブックデザイン	スタジオダンク
発 行 者	佐久間重嘉
発 行 所	株式会社 学陽書房
	東京都千代田区飯田橋1-9-3　〒102-0072
	営業部　TEL03-3261-1111　FAX03-5211-3300
	編集部　TEL03-3261-1112　FAX03-5211-3301
	http://www.gakuyo.co.jp/
DTP制作・印刷	加藤文明社
製　　　本	東京美術紙工

公務員が
定時で仕事を終わらせる
55のコツ

同前嘉浩・林博司 著
◎A5判144頁　定価2200円（10%税込）

◆すぐ真似できる時短術が満載！
業務量が増える一方の自治体職場、だけどこ
れ以上もう時短は無理と諦めていませんか？
本書は、そんなあなたに向けて、現場で時短
＋成果を叶えた著者2人が今すぐできる「自
治体仕事の時短術」を紹介します！
業務の削り方から現場DX、上司や部署内で
のコミュニケーションまで、これ1冊で解決！

公務員のための
伝わる情報発信術

谷浩明 著
◎A5判120頁　定価2200円（10%税込）

◆住民の行動を変えるコツがわかる！
自治体が行う情報発信の目的は、住民の「行
動変容を起こす」こと。簡単にいえば、住民
に行動を促すことです。
そこで本書は、チラシ・広報紙・SNS等を
効果的に活用し、住民の行動変容を促すため
の実践的なノウハウを紹介。
一方的な"伝える"ではなく、行動を促す"伝わ
る"を実現する術を解説します。

そして、こうした情報のシェアや新たな視点での発信が集積されれば、それは共感形成を実現する着地点として機能します。ここでも、この情報共有を的確に活用できれば、行政が苦手な共感形成が楽に達成できます。

そのためにも、シェアされたり新たな視点で発信されたりした情報を集積するためのツールをしっかり用意しましょう。**わかりやすい事例にInstagramのハッシュタグがあります。** 行政の伝えたい内容の新たな視点での発信について、同じハッシュタグをつけてInstagramによって発信してもらうハッシュタグキャンペーンも考えられるでしょう。

もちろん、ただ「ハッシュタグで動画や画像をInstagramで発信してくれないかなぁ」と待っているだけでは、情報が共有されるはずはありません。そこに、第5章で紹介し、6章1でも述べたSTEPPS＋Vを仕掛けていくことになります。

行政の設定したハッシュタグを付してInstagramでの情報発信が行われれば、そのハッシュタグでの検索を促すことで、共感を形成する着地点としてInstagramの検索結果画面が機能することになります。そのハッシュタグ検索結果をフォローしてもらうことができれば、共感を形成する着地点としての意義はさらに高まるでしょう。

行政ではない多様な人々がそれぞれに、例えば「＃○○市の子育て」で動画や画像を発信してくれるなら、それらがまとめられた検索結果は行政の言葉よりも明らかに共感を形作れるはずです。

もちろん、メディアはInstagramに限るわけではありません。広報対象者のセグメントに応じて多様なSNSが考えられます。SNSでなくても情報共有は可能です。広報対象者からのメールや、時には手紙での意見をまとめた場所を行政が設定することも考えられるでしょう。

時には広報対象者のセグメントに応じて、オンラインの場所でも紙媒体を利用することもあり得ます。

行政が苦手な共感形成を楽に行うために無理をせず、情報共有支援という発想を上手に活用してください。

事例 11

奈良県生駒市
地域の魅力を発信する市民PRチーム「いこまち宣伝部」

（2022年グッドデザイン賞受賞）

≫ 行政の苦手な「共感」を形成する取り組み

　生駒市のいこまち宣伝部は2015年度から始まり、現在は、生駒市の魅力的な人・店・行事・風景などを取材し、市の公式Facebook及びInstagram「グッドサイクルいこま」で発信する市民PRチームとして活動しています。

図6-4 いこまち宣伝部グッドデザイン賞受賞を知らせる生駒市ウェブサイトから

　いこまち宣伝部は、この取り組みによってFacebook「グッドサイクルいこま」とInstagram「グッドサイクルいこま」を、共感形成を実

現する着地点として整備しています。

　この共感形成は、行政の苦手とする部分です。一方で着地点での信頼供給は多くの場合、行政の得意な部分でしょう。

　その意味で、着地点である「グッドサイクルいこま」に、いこまち宣伝部員と市職員が交代で投稿していることも、共感形成と信頼供給を両睨みした、よく考えられた取り組みとして興味深いものがあります。

　ところで、いこまち宣伝部は他の自治体の例にあるような、情報発信の専門性や高い技術を持った人々を募集したり、委託したりする市民記者のようなシステムは異なる仕組みになっています。

　対象年齢を18〜49歳に絞り、活動期間は1年だけで、1年が過ぎれば卒業していきます。また、部員の皆さんは、必ずしも当初から高い専門性を持っている人ばかりではありません。

　生駒市が提供するプロフェッショナルによるカメラや文章、取材の無料講座を受講したり、部員がいっしょに取材・相談しやすくなるようオンライングループが設定されたりすることによって、取材力や情報発信力を高めていく仕掛けが用意されています。

　専門性の高い、高価な機材についても、企業協賛でデジタル一眼レフカメラを無償利用できるようになっています。

　いこまち宣伝部への応募者のなかには、このデジタル一眼レフカメラを使いたいということが最初の動機だったという方もいたようです。

≫ 行政・市民相互の「弱みを利用する」

　こうしたことは、市民による情報共有を十分に支援するために、相互の弱みを利用しているとも考えられます。

　さらに言えば、弱みを明確にする、つくりだすことによって、ヴァルネラビリティの力、突っ込まれ力によって、情報共有を実現している取り組みと考えることもできます。

　行政は共感を形成する情報発信が得意ではありません。また、行政が元気な人や活躍している人だけの情報を発信することは、生活に困窮

し、疲弊している市民もいるなかで、公平性の観点から課題があります。

　いこまち宣伝部の部員たちは、当初から情報発信の技術的な力が十分にあるわけではありません。カメラなどの機材も不足していることもあるでしょう。

　それだけを見れば、いずれも課題を持っている組織や人たちということにとどまります。しかし、これをヴァルネラビリティ（突っ込まれ力）と考えると興味深いことが見えてきます。

図6-5 **相互の弱みを利用した連携**

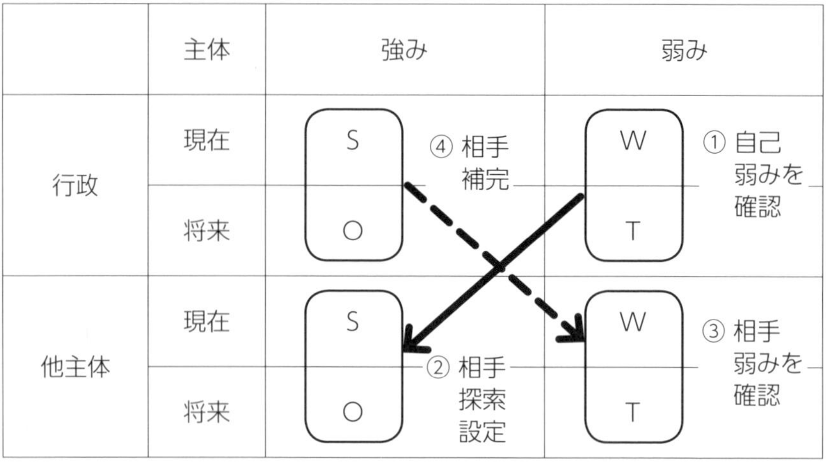

	主体	強み	弱み
行政	現在	S / O ④相手補完	W / T ①自己弱みを確認
	将来		
他主体	現在	S / O ②相手探索設定	W / T ③相手弱みを確認
	将来		

　行政の弱点である共感を形成する力の不足や、広報対象であるセグメントターゲティングへの批判は、いこまち宣伝部が多様な市民で構成されていることによる共感性の確保や、自らを基準にした情報発信による公平性にこだわらない情報発信という凸部によって埋められる凹部です。

　いこまち宣伝部の部員たちが必ずしも当初から高い専門性を持っていたわけではないという弱みは、生駒市が多くの学習機会を用意し、いこまち宣伝部員の間でのコミュニケーションを活発にするという凸部に